PETER OPPLIGER / GEORGES ZELLER

HEILTEES

die wirklich helfen

PETER OPPLIGER / GEORGES ZELLER

HEILTEES
die wirklich helfen

100 Rezepte
zur Selbstbehandlung

Die 24 wichtigsten Kräuter
für Ihre Hausapotheke

MIDENA

Die Autoren:

Peter Oppliger ist dipl. Drogist; u.a. Ausbildung in Naturheilkunde und Phytotherapie, Ausbildung in Ernährung an der East West Foundation in Boston. Inhaber einer Drogerie in Luzern, u.a. Organisation und Führung von Studienreisen für Naturkunde und Naturheilkunde, Seminarleiter, Dozent, Autor.

Georges Zeller ist dipl. Drogist und Heilkräuterspezialist. Inhaber einer Drogerie in Solothurn, Organisation und Führung von Seminaren und Exkursionen, Referent und Koautor.

Der Zeichner:

Werner Speck ist dipl. Drogist; naturwissenschaftliche Zeichnungen und Heilpflanzenmalerei; seit 1996 Illustrator von Fachbüchern.

Die Deutsche Bibliothek – CIP-Einheitsaufnahme

Oppliger, Peter:

Heiltees, die wirklich helfen : 100 Rezepte zur Selbstbehandlung ; die 24 wichtigsten Kräuter für Ihre Hausapotheke / Peter Oppliger ; Georges Zeller. – Augsburg : Midena, 1997

ISBN 3-310-00288-8

Gedruckt auf umweltfreundlich chlorfrei gebleichtem Papier

Midena Verlag, Augsburg

Umschlagbild: Werner Speck
Umschlaggestaltung: Michael Ballermann, Midena Verlag
Layout: Marion Kraus, Midena Verlag
Satz: Gesetzt aus der 9,8/13,5 P. Palatino von Marion Kraus, Midena Verlag
Bildmaterial: Werner Speck: alle Zeichnungen;
Peter Oppliger: Fotos S. 31, 55, 57; Dr. Frederic Joss: Kirlianfotografie S. 17;
Hanns-Michael Schindler: Porträts S. 9
Reproduktion: GAV PrePress GmbH, Gerstetten
Druck und Bindung: Neue Stalling, Oldenburg
Printed in Germany

ISBN 3-310-00288-8

Inhaltsverzeichnis

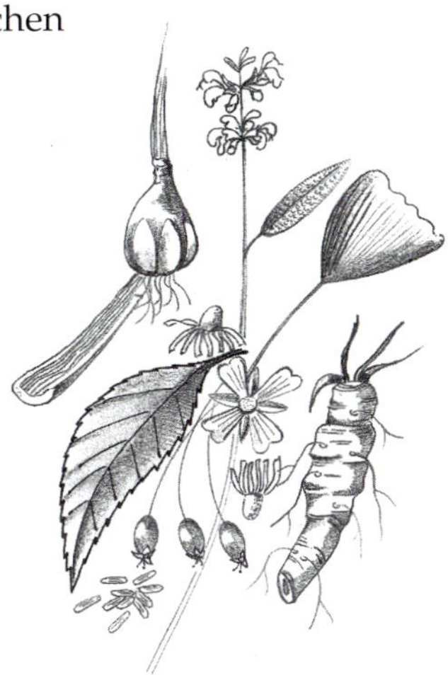

Einleitung

Die Pflanzen und somit natürlich auch die Heilpflanzen sind viel älter als die Menschheit. So ist auch die Gesundheitsvorsorge und die Behandlung verschiedenster Krankheitsbilder mit Hilfe von Heilpflanzen, Tees, Extrakten und unzähligen Heilpflanzen-Präparaten weit älter als die pharmazeutische Industrie. Heute dürfen wir feststellen, daß die Bedeutung der Naturheilkunde mit präventiven Heilmitteln sowie auch im therapeutischen Anwendungsbereich wieder zunimmt, und damit steigt auch das Interesse für die Heilpflanzen in breiten Kreisen der Bevölkerung.

Unser Wissen, das wir Ihnen vermitteln möchten, ist eine Kombination von Überlieferungen, langjährigen Erfahrungen und modernen wissenschaftlichen Erkenntnissen.

Dieses Buch soll zwei Bedürfnisse abdecken: Einerseits darf altes, wertvolles und bewährtes Wissen aus der Naturheilkunde in unserer hektischen Zeit nicht verlorengehen, und andererseits vermittelt Ihnen die Einführung in die Heilpflanzen-Therapie mit den Rezepten eine nützliche und praktische Hilfe für die Erhaltung Ihrer Gesundheit.

Die kollegiale Zusammenarbeit zweier Autoren (Oppliger und Zeller) hat sich schon bei zwei anderen Büchern im Bereich der Naturheilkunde bewährt. Seriosität und Objektivität sind wir unserer Ausbildung, unserer Erfahrung, der gesamten Naturheilkunde und natürlich in erster Linie Ihnen, liebe Leserinnen und Leser, schuldig. Dazu gehört, daß wir Ihnen mit diesem Buch die wunderbare und faszinierende Welt der Heilpflanzen näherbringen möchten, ohne falsche Versprechungen für sensationelle Heilerfolge, wie dies heute leider oft vorkommt.

Wir wünschen Ihnen beim Studium unserer Themen und bei der Anwendung der für Sie geeigneten Rezepte viel Erfolg.

Geschichte der Heilpflanzen

Von alten Kulturen bis zu unserer modernen Zeit

Ein kleiner Rückblick in vergangene Kulturen zeigt uns, daß nicht nur die Philosophie, sondern auch die medizinischen Kenntnisse dort stets sehr hoch entwickelt waren. Aus der Zeit um 3700 v. Chr. stammen die wohl ältesten Dokumente über die Heilkunst der damaligen chinesischen Hochkultur. Nicht nur die heute wieder berühmte und medizinisch anerkannte Akupunktur und Akupressur, sondern auch generell die Anwendung von Heilmitteln aus der Natur stammen aus dieser Zeit.

Vor über 2000 Jahren v. Chr. wurde zur Zeit der indischen Veden die sogenannte **Ayurvedische Medizin** verbreitet. Die Ayurveden waren ein Teil der philosophischen Schriften, also die Lehre von Hygiene und Medizin. Die Veden wie auch die Ayurveden wurden in Sanskrit niedergeschrieben. Sanskrit gilt als die wahrscheinlich älteste Sprache, die heute wieder vollständig entziffert und auch geschrieben werden kann. So sind ayurvedische Schriften teilweise auch in deutscher Sprache wieder erhältlich.

Zusammen mit der **Chinesischen Medizin** ist die Ayurvedische Medizin zweifellos die älteste von uns zurückverfolgbare Lehre der Medizin. In China, Indien und Tibet sind diese altbewährten Heilmethoden und Weisheiten niemals verlorengegangen. Wir leben in einer Zeit, in der alte Weisheiten wieder modern werden, und damit hat die Chinesische Medizin und auch die Ayurvedik sogar in Europa wieder Fuß gefaßt, da beide eine ganzheitliche Medizin bedeuten, in der der Mensch immer als ganzheitliches Wesen von Körper, Seele und Geist betrachtet wird. Einige Rezepturen in diesem Buch sowie auch von heute im Handel erhältlichen Heilmitteln stammen aus der Chinesischen und Ayurvedischen Medizin.

Viele andere Kulturen – wie die Ägypter, die, wie man weiß, sogar äußerst schwierige chirurgische Operationen durchführten, oder auch die Inkas –

kannten eine sehr hoch entwickelte Heilkunst, die meist auf Heilpflanzen, teilweise aber auch auf tierischen Wirkstoffen oder Gold, Silber, Mineralien und Edelsteinen basierte.

Machen wir nun einen Sprung in die europäische Geschichte zur Zeit der griechischen Hochkultur. Hier begegnen wir einer Persönlichkeit, die wir alle zumindest aus dem Geschichtsunterricht kennen. Es ist dies der berühmte Philosoph und Arzt Hippokrates, der 460-377 v. Chr. gelebt hat. Von Hippokrates, der nicht nur wegen des heute noch gültigen „Hippokratischen Eides“, sondern auch wegen seiner aktuellen Lehren berühmt ist, möchten wir zwei Lehrsätze erwähnen, denen wir beim Studium der Naturheilkunde immer wieder begegnen werden. Es sind dies:

„Der Mensch, der krank ist und sich behandeln lassen will, muß auch bereit sein, seine Lebensweise zu ändern oder zumindest zu überprüfen.“

Auch der zweite Satz hat für die westliche Welt – gerade heute – eine neue Gültigkeit:

„Tausende essen sich zu Tode, eher einer stirbt an Hungersnot.“

Auch diese Weisheit, die darauf hindeutet, daß viele Zivilisationskrankheiten ernährungsbedingt sind, dürfen wir bei der Anwendung von natürlichen Heilmitteln niemals vergessen.

Wenden wir uns nun der Zeit vom sogenannten Mittelalter bis zur Neuzeit zu, in der die ersten, aber auch berühmtesten Kräuter- und Heilpflanzenbücher entstanden sind.

Hieronimus Bock

1498-1554	Hieronimus Bock
1501-1554	Leonard Fuchs
1493-1541	Paracelsus
1707-1778	Carl von Linné
1821-1897	Pfarrer Sebastian Kneipp
1857-1945	Pfarrer Johann Künzle

Leonard Fuchs

Hieronimus Bock und **Leonard Fuchs** waren wohl die berühmtesten Autoren von Heilpflanzenbüchern. Im Holzschnitt-Verfahren wurden diese Bücher gedruckt und teilweise von Hand koloriert. Die Originale dieser Bücher bedeuten kleine Vermögen. Beim Betrachten dieser Bücher müssen wir mit großer Ehrfurcht feststellen, daß das Wissen dieser Menschen äußerst naturverbunden und für uns fast unfaßbar fundiert war. Das Studium solcher Bücher mag zwar äußerst interessant sein, ist jedoch nicht nur der Sprache und der Schriftzeichen wegen sehr schwierig, sondern auch deshalb, weil in der damaligen Zeit eine andere Nomenklatur galt und somit Krankheiten anders benannt wurden. Dies mag für viele Menschen eine Enttäuschung sein, die bisher glaubten, man könne, um ein möglichst wirksames Rezept zu finden, in den alten Büchern nachsehen.

Zu **Paracelsus**, der mit bürgerlichem Namen Theophrastus Bombastus von Hohenheim hieß, müssen wir an dieser Stelle wohl nicht viel erzählen, da im Jahre 1993 beinahe weltweit sein 500ster Geburtstag gefeiert wurde. Dieser damals äußerst revolutionäre Arzt und Gelehrte wurde wegen seiner modernen Ideen überall wieder vertrieben, da er „für die damalige Zeit viel zu viel wußte“ und wie kein anderer bei den Menschen, die er behandelte, auch die Seele einbezog. So galt er auch als Begründer der Alchimie.

Carl von Linné (Carolus a Linné) ist nicht nur für die Heilpflanzen, sondern für die ganze Botanik ein Pionier. Linné war Arzt und Botaniker und teilte damals mit Hilfe eines recht großen Mitarbeiterstabs, vom schwedischen Hof finanziert, die meisten Pflanzen in der ganzen Welt in ungefähr 300 verschiedene Pflanzen-Familien ein, die heute noch Gültigkeit haben. Eines seiner berühmtesten Werke ist das sechsbändige *Plantarum medicinalium,* worin 600 Heilpflanzen aus der ganzen Welt beschrieben und auch für die heutige Zeit noch absolut vorbildlich und einmalig dargestellt wurden. Gedruckt wurde dieses Werk im Kupferstich-Verfahren, und von Hand wurde es koloriert. Wir sind der Meinung, daß es auch heute noch keine genauere Darstellung von Pflanzen gibt, die alle wichtigen Pflanzenteile von der Wurzel über Blätter, Blüten, Blütenteile so exakt wiedergibt. Auch in modernen Heilpflanzen-Büchern kommt man wieder auf die zeichnerische Darstellung zurück, da es auch mit den neuesten photographischen Techniken nicht möglich ist, alle Pflanzenteile im richtigen Wachstumsstadium auf einem Bild so genau festzuhalten, wie dies mit einer Zeichnung möglich ist.

Das Johanniskraut (Hypericum perforatum) aus dem „Plantarum medicinalium" von Linné, gedruckt und handkoloriert im Jahre 1779.

In der europäischen Geschichte der letzten Jahrhunderte können wir immer wieder feststellen, daß sich auffallend viele Pfarrherren wie auch Ordensschwestern mit der Naturheilkunde befaßt haben. Der Grund war, daß diese Ordensschwestern (z. B. Hildegard von Bingen) und Pfarrherren den Hilfesuchenden nicht nur seelisch, sondern eben auch medizinisch helfen wollten und die Krankheitsprobleme als ganzheitliche Angelegenheit gesehen haben.

Die wohl berühmtesten Vertreter dieser Kräuter-Pfarrer waren in Deutschland **Pfarrer Sebastian Kneipp**, der neben seinen auch heute noch berühmten Wasseranwendungen Heilpflanzen in seine Therapien einbezog, und in der Schweiz **Pfarrer Johann Künzle**. Dieser war nicht nur ein „Original", sondern ein Mensch mit einem wirklich großen heilkundlichen Wissen. So ist auch sein berühmtes Kräuterbuch heute noch ein sehr aktuelles Lehrbuch, wohl nicht von moderner wissenschaftlicher Kenntnis, jedoch voller Weisheiten und Erfahrungswissenschaft. Von vielen Pfarrer-Kollegen wurde Pfarrer Künzle oft angegriffen, er entferne sich viel zu stark von der sogenannten Seelsorge. Diesen Berufskollegen hat er jeweils sehr rasch und klar geantwortet: „Ihr würdet viel besser weniger predigen und dafür den Menschen besser helfen." Auch dieser Satz bedeutet für uns eine große Weisheit, die nicht nur für die Seelsorger eine Bedeutung hat, sondern für viele Menschen als tägliche Aufforderung angesehen werden sollte.

Zum Schluß dieser „Ahnengalerie" möchten wir noch zwei sehr berühmte Heilpflanzen-Spezialisten erwähnen, die für die Verbreitung der Naturheilkunde großen Dank verdienen und zu unseren Vorbildern gehören. Es ist dies zum einen unser gemeinsamer „Lehrmeister" **Robert Quinche**, der uns bis zum Ende seines Lebens im Jahre 1994 immer wieder neue Erfahrungen vermittelte. Der zweite Pionier der Naturheilkunde ist **Dr. Alfred Vogel**, gestorben im Jahre 1996 im Alter von 94 Jahren. Alfred Vogel hat während vieler Jahrzehnte nicht nur in der Schweiz, sondern in vielen anderen Ländern in bezug auf die Verbreitung der Naturheilkunde Großes geleistet. Alfred Vogel war ein Mensch, der sein Leben lang das gelebt hat, was er auch „gepredigt" hat. Seine Forschungen in fremden Ländern und bei vielen Naturvölkern, sein lebenslanges Studium, hat er uns in Form vieler Bücher, z. B. dem berühmten Buch „Der kleine Doktor", aber auch in vielen Rezepturen der heute im Handel erhältlichen Naturheilmittel hinterlassen.

Woher haben wir unser heutiges Wissen?

Wie sich die moderne Wissenschaft mit Heilpflanzen in der Naturheilkunde befaßt, werden wir in einem späteren Kapitel besprechen. Die Geschichte lehrt uns, daß das naturheilkundliche Wissen jedoch viel, viel älter ist als die moderne Wissenschaft. Dies bedeutet einerseits, daß vor nicht allzu langer Zeit, als das Leben noch viel weniger hektisch war, die Überlieferung von einer Generation zur anderen bestens funktionierte. Die Anwendung von Heilpflanzen, Tees, Wickeln, Bädern, Waschungen war damals sehr verbreitet und wurde an die nächste Generation weitergegeben.

Trotzdem interessiert uns zutiefst die Frage: Wie denn der Mensch überhaupt in alten Zeiten zum Wissen kam; warum eine Wurzel, ein Blatt oder eine Blüte für ein ganz bestimmtes Organ im menschlichen Organismus zur Heilung eingesetzt werden kann. Die Überlegung, daß die Menschen in früheren Zeiten nur durch Experimente an den Mitmenschen zu diesem Wissen gelangten, ist sicher falsch. Die Giftigkeit einer Pflanze mit dem Tod einer Versuchsperson oder die Heilkraft mit der Genesung eines Menschen zu beweisen ist, trotz der großen Experimentierfreudigkeit der Forscher, undenkbar.

Die wohl einzig einleuchtende Erklärung ist, daß die meisten heutigen Menschen ihre Intuition oder ihr „Gespür" zugunsten des Verstandes verloren haben. Wenn wir nicht domestizierte Tiere, also wild lebende Tiere beobachten, stellen wir fest, daß diese immer imstande sind, zwischen Nahrungspflanzen, Heilpflanzen und Giftpflanzen zu unterscheiden. Wir können also annehmen, daß bei diesen Tieren die sogenannte Intuition noch vollkommen funktioniert. Eine bedenkliche Tatsache wurde allerdings bei dem sogenannten mutierten Raps festgestellt, an dem sich Rehe zum Teil krankfressen. Dieser mutierte Raps hat offenbar nicht mehr die natürliche Kombination der Inhaltsstoffe, die dem Reh die Giftigkeit dieser Pflanze vermittelten. Unsere Bedenken, daß genmanipulierte Pflanzen nicht nur auf Insekten, sondern auch auf andere Tiere sowie auf uns Menschen eine unvorhergesehene Wirkung haben könnten, sind durchaus angebracht.

Sicher waren die Urmenschen und Menschen früherer Generationen ebenfalls viel naturverbundener und konnten intuitiv zwischen Nahrung, Heilpflanzen und Giftpflanzen unterscheiden.

Allgemeines Wissen über die Heilpflanzen

Die Pflanzen

Die Botanik ist die wissenschaftliche Lehre vom Leben der Pflanzen und deren Einteilung in ein weltweit anerkanntes wissenschaftliches System. Um das Leben der Pflanzen und ihre Heilwirkung verstehen zu können oder die Pflanzen in der freien Natur bestimmen zu können, müssen wir uns ein wenig mit der Botanik befassen.

Weltweit kennt die Wissenschaft etwa 380 000 - 400 000 verschiedene Pflanzen, die in etwa 300 Pflanzen-Familien eingeteilt sind. Diese Einteilung in sogenannte Familien geht zurück auf den schwedischen Botaniker und Arzt Carl von Linné. Daß wir hier nicht eine genaue Anzahl von erfaßten Pflanzen angeben, hat seinen Grund darin, daß dies wissenschaftlich gar nicht möglich ist. Auch in der Pflanzenwelt steht die Evolution nicht still. So entstehen beispielsweise in den tropischen Regenwäldern ständig mehr neue Pflanzenarten, als die Wissenschaft zu erfassen vermag. Heilpflanzen gehören zu Pflanzen verschiedenster Art und Gattung, von der einfachsten Alge und Flechte über unscheinbare Kräuter bis zu Sträuchern und hochentwickelten Bäumen.

Die Bedeutung der Pflanzen für den Menschen

Ohne Pflanzen wäre ein Leben für Menschen und Tiere unmöglich. Die Pflanzen liefern uns lebenswichtigen **Sauerstoff**, **Nahrung**, **Heilmittel**, **Genußmittel**, aber auch, wenn wir an die wunderschönen Wälder und Wiesen denken, **Schutz** und **Erholung**. Eine Pflanze lebt und entwickelt sich mit Hilfe von Sonnenlicht, Wasser, Nährstoffen aus dem Boden, Sauerstoff und Kohlendioxyd. Ganz allgemein und etwas abgekürzt können wir sagen, daß die Pflanze das Kohlendioxyd, also die verbrauchte Luft von Mensch und Tier,

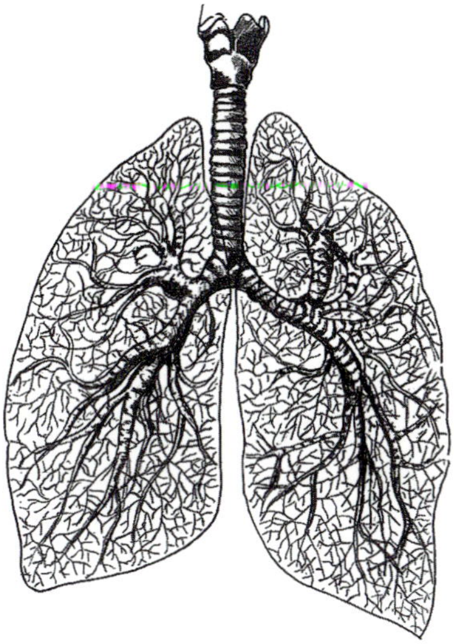

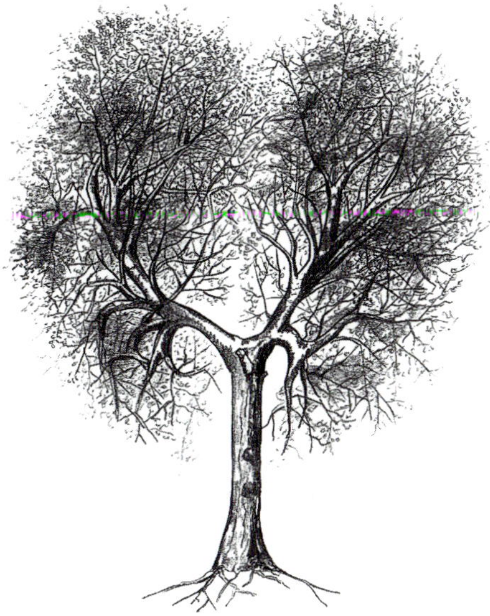

Lunge und Baum – zwei funktionsverwandte Organe im umgekehrten Sinne.

aufnimmt und in einem komplizierten Vorgang den für uns lebenswichtigen Sauerstoff wieder abgibt. Die Atmung der Pflanze geschieht also in einem gewissen Sinne umgekehrt zur Atmung von Menschen und Tieren.

Ein ausgewachsener Baum, in optimaler Lage, kann pro Jahr bis zu 4,6 Tonnen Sauerstoff abgeben und bis zu 30 000 Liter Wasser verdunsten. Diese enorm hohen Zahlen zeigen uns, wie wichtig es ist, weltweit die Wälder zu erhalten.

Was macht die Pflanze zur Heilpflanze?

Im Laufe ihres Lebensprozesses produziert eine Pflanze unzählige verschiedenster Stoffe. Diese werden in ihren Organen, d.h. in den Wurzeln, Stielen, Blättern, Blüten, Samen usw., eingelagert. Die Qualität dieser Stoffe, in unserer Fachsprache Wirkstoffe genannt, bestimmt nun, ob für uns eine Pflanze Nahrung, Heilmittel, Genußmittel oder gar Gift bedeutet. Daß sich all diese Kategorien überschneiden können, indem eine Nahrungspflanze auch Heilpflanze, oder eine Giftpflanze auch Heilpflanze sein kann, allerdings meist nur in homöopathischer Form, werden wir im Laufe der nächsten Kapitel noch erfahren.

Die analytische Chemie ist heute in der Lage, die meisten dieser abgelagerten Stoffe zu identifizieren und auch zu isolieren. So wurden beispielsweise in der Kaffeebohne über 400 verschiedene Stoffe identifiziert. Alle diese harmonisch und natürlich entstandenen Wirkstoffe ergänzen sich in ihrer Wirkung in sehr komplizierter Weise. Somit ist es mehr als verständlich, daß auch die heutige hochentwickelte Wissenschaft über die Wirkungsweise der Heilpflanzen keine oder vielleicht noch keine endgültigen Beweise liefern kann. In der Heilpflanzenkunde ist es darum wichtig, nicht nur die Wissenschaft, sondern auch die Jahrtausende alte Erfahrungswissenschaft zu berücksichtigen.

Wo liegt nun der Unterschied zwischen Heilkräutern und Heilpflanzen? Dies ist eher eine Frage der traditionellen Bezeichnung wie „Kräuter“, „Kräutergarten“ oder „Kräuterbuch“. Gemeint waren jedoch immer – ob in alten Kräuterbüchern oder im Volksmund – die verwendeten Pflanzenteile, die wir für „Kräutertees“ u.v.a. verwenden. Da diese Pflanzenteile jedoch nicht nur von den sogenannten Kräutern stammen, sondern von allen Pflanzen, von der Alge bis zum Baum, sprechen wir in diesem Buch korrekterweise von Heilpflanzen und nicht von Heilkräutern.

Die Heilkraft der Bäume

Aus alten Überlieferungen wissen wir, daß auch die sogenannten feinstofflichen Kräfte einer Pflanze, die chemisch oder wissenschaftlich noch nicht analysierbar sind, auf den Menschen eine Wirkung haben können. Am Beispiel der Bäume ist diese Kraft wahrscheinlich am besten feststellbar. So gibt es viele Menschen, die bei der Umarmung eines Baumes spüren können, ob der Baum ihnen Kraft gibt oder in einigen Fällen auch Kraft nimmt. Versuche lassen sich am besten mit Kindern, deren Intuition noch nicht durch den Verstand ausgeschaltet ist, auf interessante Weise durchführen. Solche Kräftefelder sind nicht nur an Bäumen, sondern an allen Pflanzen, ganz speziell auch an Blättern und Blüten feststellbar. Diese feinstofflichen Kräftefelder oder feinstofflichen Ausstrahlungen, wie man sie auch nennen könnte, sind mit der sogenannten Kirlian-Photographie nachweisbar (Kirlian-Photographie nennt man die von einem russischen Forscher namens Kirlian entwickelte Photo-Technik, die mit Hilfe einer mit Gleichstrom geladenen

Photoplatte feinstoffliche Energien festhalten kann). Allerdings sind wir noch weit davon entfernt, alle Geheimnisse der Natur wissenschaftlich belegen zu können.

Kirlian-Photographie eines Efeublattes.

Wie viele Heilpflanzen gibt es?

Diese Frage möchten wir mit einem indischen Gleichnis aus der Zeit der indischen Hochkultur beantworten. Vor einigen tausend Jahren herrschte in Indien der berühmte Kaiser Ashoka. Er war Arzt, Philosoph sowie geistiger und weltlicher Führer dieses großen Landes. Sein Sohn wollte ebenfalls Arzt werden und stellte sich nach vielen Jahren des Studiums zum Examen. Die Experten ersannen für diesen berühmten Sohn eine, wie sie meinten, ganz speziell schwierige Frage. Bei seinem Erscheinen erklärten sie ihm, er müsse für das Bestehen seiner Prüfung nur eine einzige Aufgabe lösen. Er habe dafür eine ganze Woche Zeit. Seine Aufgabe war, sich in die Natur zu begeben, wohin immer er wollte, und spätestens nach einer Woche wieder zu den Experten zurückzukehren mit mindestens einer Pflanze, die keine Heilpflanze sei. Der Prüfling begab sich für eine Woche in die Natur, in Wälder und Berge und kam termingerecht zurück, allerdings ohne Pflanze – also mit der Antwort: „Ich habe keine Pflanze gefunden, die für den Menschen keine Heilkraft hat."

Denken Sie nun bitte einen Moment nach, ob der Prüfling sein Examen bestanden hat oder nicht – er hat es bestanden!

Wir sind uns bewußt, daß diese Antwort nicht wissenschaftlich begründet ist. Trotzdem müssen wir anerkennen, daß in vielen alten Weisheiten und Gleichnissen eine tiefe Wahrheit liegt und daß wir nicht allzu voreilig eine Pflanze als wertlos oder gar als Unkraut ansehen dürfen. Dieses Gleichnis setzt auch unsere heutigen modernen Kenntnisse in andere Relationen. Wir müssen nämlich anerkennen, daß die Menschen früherer Hochkulturen vielleicht gar ein höheres Bewußtsein und auch ein entsprechend höheres Wissen um die Geheimnisse der Natur hatten.

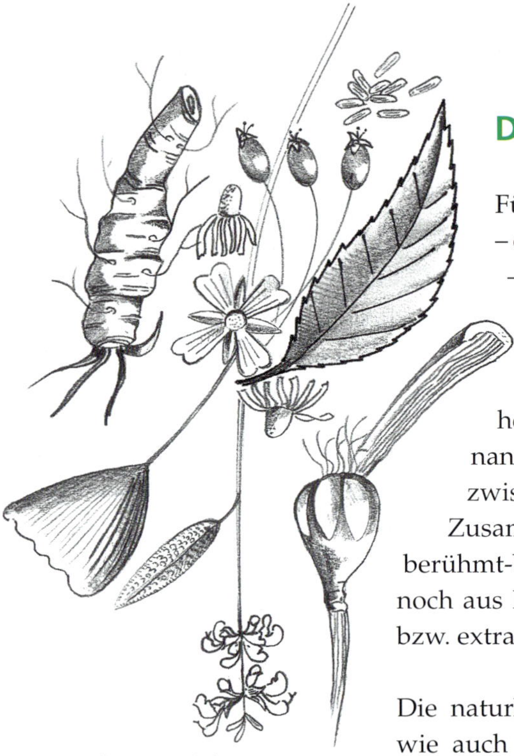

Alle Pflanzenteile können Teedrogen sein.

Drogenkunde

Für Fachleute bedeutet das Wort **„Droge“** – es ist übrigens eine sehr alte Bezeichnung – ein zu Heilzwecken verwendeter, meist getrockneter Pflanzenteil oder eine getrocknete allenfalls ganze Pflanze. Wir befassen uns also nicht mit dem heute sehr bedenklichen Kapitel der sogenannten „harten Drogen“, obwohl insofern zwischen diesen beiden Bezeichnungen ein Zusammenhang besteht, als ein Teil der heute berühmt-berüchtigten „harten Drogen“ immer noch aus Pflanzen, z. B. den Kokablättern, isoliert bzw. extrahiert wird.

Die naturheilkundliche Bezeichnung für Drogen wie auch die Berufsbezeichnung „Drogist“ geht bis ins 17. Jahrhundert zurück. Forschungen deuten darauf hin, daß das Wort Droge ursprünglich von „trocknen“ oder „trocken“ stammt. Erwiesen ist, daß die Materialien, wie Gewürze, getrocknete Heilpflanzen, Tinkturen, Öle, oft auch Mineralien oder tierische Substanzen, schon sehr früh „Drogen“ genannt wurden, und die Geschäfte, welche diese Ware anboten, nannte man „Drogerey“.

Unsere Bezeichnung „Drogen“ ist viel älter als diejenige der sogenannten „harten Drogen“. Unsere Drogen dienen der Heilkunst, also der Gesundheit. Dies sind z. B. ganze Kräuter, Wurzeln, Zwiebeln, Knollen, Rinden, Harze, Blätter, Blüten, Blütenteile, Fruchtstiele, Samen, Früchte, Knospen usw. Je nach Verwendungszweck, ob zu sogenannten Kräutertees, Extrakten, Tinkturen etc. weiterverarbeitet, sind die Handelsformen dieser Rohstoffe ganz, geschnitten oder pulverisiert.

Der Fachhandel kennt heute ca. 600 verschiedene Rohstoff-Drogen, die von etwas mehr als 400 verschiedenen Pflanzen stammen. Die wenigen noch erhältlichen tierischen Rohstoffe oder Drogen, wie etwa Murmeltier- oder Hundefett und auch Lebertran, verlieren immer mehr an Bedeutung.

Die sogenannten Wirkstoffe

Wie die Botanik die Pflanzen in Familien einteilt, existiert in der modernen Drogenkunde eine Einteilung dieser Rohstoffe in sogenannte Wirkstoffgruppen. Haben die Stoffe, die eine Pflanze im Laufe ihres Lebens produziert und in ihren Organen ablagert, eine bestimmte Wirkung auf unseren Organismus, so sprechen wir von **Wirkstoffen.** Meist enthält eine Droge Wirkstoffe, die den wissenschaftlich erfaßten Wirkstoff-Gruppen zugeordnet werden können. Die Bedeutung der Droge und ihr therapeutischer Wert sind abhängig von der Anzahl der Wirkstoffe und deren Konzentration. Die Einteilung erfolgt jeweils nach den hauptsächlich vorkommenden Wirkstoffen. Daß wir uns kurz mit diesen Wirkstoffen befassen, soll nicht leere Theorie bedeuten, sondern die Grundlage bilden, um die Wirksamkeit und auch den richtigen Umgang mit Tee-Drogen verstehen zu lernen.

Die hauptsächlichen Gruppen sind folgende:

Ätherische Öl-Drogen

Dies sind überwiegend flüssige, in Pflanzenzellen eingebettete Stoffe, die sich schon bei Normaltemperatur oder durch Zerreiben der Pflanzenteile verflüchtigen. Sie riechen meist angenehm und sehr aromatisch. Ätherische Öle sind Stoffgemische, je nach Pflanzenart mit charakteristischer Zusammensetzung. Typische ätherische Öl-Drogen sind z.B. **Fenchel**, **Lavendel**, **Kümmel**, **Pfefferminze**, **Kamille** usw. Je nach Qualität der ätherischen Öle wirken diese bakterienhemmend, hautreizend, auswurffördernd, appetitanregend, blähungswidrig, harntreibend oder entzündungswidrig. Zerreibt man zwischen den Fingern ein frisches oder getrocknetes Pfefferminzblatt, so stellen wir einen angenehmen Duft fest. Noch markanter ist natürliches ätherisches Öl feststellbar, indem Sie einige ganze Kümmelkörner in einem Mörser zerreiben und den Duft der ganzen Kümmelkörner mit dem der zerriebenen Kümmelkörner vergleichen.

Aus diesen Versuchen können wir auch gleich lernen, daß wir die verdauungsfördernden Kümmelfrüchtchen viel besser in zerriebenem Zustand den Speisen beifügen, da wir uns kaum die Mühe machen, diese Früchtchen mit den Speisen entsprechend zu kauen und zu zerkleinern. Der gleiche Versuch vermittelt auch Hinweise für richtige Lagerung. Wir können nämlich feststellen, daß auch einige Jahre alte, optimal gelagerte ganze Kümmelkörner beim Zerreiben noch angenehm riechen. Die jedoch in zerriebenem Zustand gelagerten Kümmelfrüchtchen werden im Aroma nach einigen Monaten stark abnehmen, da sich die Wirkstoffe verflüchtigen.

Viele ätherische Öl-Drogen waren Rohstoffe zur Parfum-Herstellung. Leider mußten die natürlichen Parfums heute vielfach den modernen, synthetischen Duftvarianten weichen.

Bitterstoff-Drogen

Bitterstoffe sind Wirkstoffe, die, wie der Name besagt, von unserem Geschmacksempfinden als bitter empfunden werden. Typische Vertreter dieser Drogen sind **Wermuth**, **Tausendguldenkraut** usw. Die Bitterstoffe wirken meist verdauungsfördernd, magenstärkend sowie anregend auf Leber und Galle. Von alters her werden die Bitterstoff-Drogen auch zu sogenannten Aperitifs verarbeitet.

Gerbstoff-Drogen

Die Gerbstoffe festigen das Eiweiß in den oberen Schichten der Haut und der Schleimhäute. Dies ist ein Vorgang, der auch in der modernen Ledergerberei noch Gültigkeit hat. Sie wirken innerlich stopfend und entzündungswidrig. Dazu gehören z.B. **Eichenrinde** und die wunderschöne **Blutwurz** *(Tormentill)* aus den Alpen.

Schleimstoff-Drogen

Dies sind Stoffe, die im Wasser aufquellen und dabei ihr Volumen vergrößern. Zu dieser Gruppe gehören z.B. **Spitzwegerichblätter**, **Flohsamen** und **Leinsamen**. Die Schleimstoffe wirken entweder reizmildernd auf die Schleimhäute, z.B. gegen Hustenreiz, oder, falls man sie im Darm quellen läßt, vergrößern Gewicht und Volumen des Darminhaltes und wirken so durch den Füllungs- und Dehnungsreiz als mehr oder weniger mildes Abführmittel.

Glykosid-Drogen

Dies sind zuckerähnliche Wirkstoffe, die sich je nach Qualität nach folgenden Wirkungen unterscheiden lassen:

Anthracenoside wirken reizend auf die Dickdarmschleimhaut und bewirken so eine rasche Entleerung des Darmes, z. B. **Sennesblätter** (Vorsicht bei der Dosierung!).

Phenylglykoside wirken schmerzstillend, z. B. **Weidenrinde**, oder desinfizierend im Blasenbereich, wie z. B. die **Bärentrauben-Blätter**.

Saponoside wirken schleimlösend oder entschlackend, z. B. **Süßholz-Wurzel** oder **Birkenblätter**.

Flavonoside haben oft eine günstige Wirkung auf unseren Kreislauf und die Herzkranzgefäße. Dazu gehört z. B. der **Weißdorn**.

Alkaloid-Drogen

Die Alkaloide sind vielfach sehr stark wirkende Stickstoffverbindungen, die meist als „Gift" bezeichnet werden müssen. Drogen mit einem hohen Alkaloid-Gehalt oder mit stark wirkenden Alkaloiden eignen sich keinesfalls zur Teebereitung und auch nicht für den Hausgebrauch. Trotzdem können Alkaloid-Drogen, richtig dosiert, wie in der Homöopathie, wichtige Arzneimittel sein. Zu dieser Gruppe gehören z. B. die **Tollkirsche** oder der wunderschöne blaue **Eisenhut**.

Vitamine, Mineralstoffe und Spurenelemente

Die Pflanzen, speziell Wildfrüchte, Samen und Nüsse, enthalten viele natürliche Vitamine, die unser Körper dringend benötigt und nicht selbst herstellen kann. Solche Früchte sind z. B. die **Sanddornbeere** oder die **Hagebutte** (wilde Rose). Diese Drogen enthalten große Anteile an Mineralstoffen, wie **Kalzium**, **Kalium**, **Natrium** u.v.a., sowie in geringeren Mengen vorkommende Spurenelemente, wie **Eisen**, **Lithium**, **Kobalt**, **Kupfer**, **Mangan**, **Nickel**, **Zink** etc. Eine speziell spurenelementreiche Droge ist das Teeblatt der **Tee-Pflanze** *Camellia sinensis*.

Antibiotische Stoffe

Einige Drogen enthalten antibiotisch wirkende Schwefelverbindungen (**Knoblauch** und **Bärlauch**) oder antibiotisch wirkende Stoffe, die den Glykosiden oder ätherischen Ölen zugeordnet werden. Auch Penicillin wurde ursprünglich aus einem Schimmelpilz gewonnen.

Da uns alle diese Wirkstoffgruppen nicht nur über richtige Lagerung der Drogen, sondern auch über richtige Teezubereitung oder günstige Mischungsmöglichkeiten zu Medizinaltees Aufschluß geben können, werden wir in den folgenden Kapiteln noch öfter darauf zurückkommen.

Dank der modernen analytischen Chemie, die es uns ermöglicht, eine Pflanze oder Pflanzenteile in allen ihren Stoffen zu analysieren, sind solche Einteilungen überhaupt möglich.

Die Signaturlehre

Auch in früheren Zeiten gab es Systeme, um die Drogen zu klassifizieren. Weltweit wird diese Einteilung als sogenannte „Signaturlehre" bezeichnet. Obwohl diese Lehre oder Einteilung der Alchimie und nicht der modernen analytischen Chemie angehört, also „wissenschaftlich" oft nicht mehr haltbar ist, sind einige Zusammenhänge äußerst interessant. Eigenartigerweise haben alle Naturvölker auf der Welt ihre Arzneidrogen nach der sogenannten Signaturlehre, d.h. nach Farben, Formen und äußeren Eigenschaften und Merkmalen eingeteilt, die in irgendeinem Zusammenhang zu unseren Organen oder Organfunktionen stehen.

Viele Namen unserer Pflanzen stammen noch aus der Zeit der in Europa entstandenen Signaturlehre. Hier einige Beispiele, ohne wissenschaftliche Begründung, jedoch mit oft sehr bemerkenswerten Zusammenhängen, die wir auch ohne wissenschaftliche Beweise nicht immer dem Zufall zuordnen können:

Die Baumnuß

Mit etwas Phantasie können wir in einer geöffneten Baumnuß zwei Hirnhälften und Windungen, ähnlich dem menschlichen Gehirn, ersehen. Eine moderne Analyse der Baumnuß bestätigt, daß diese unter vielen anderen Stoffen auch wertvolle Phosphor-Verbindungen enthält, die für den Aufbau des menschlichen Hirns wichtig sein können.

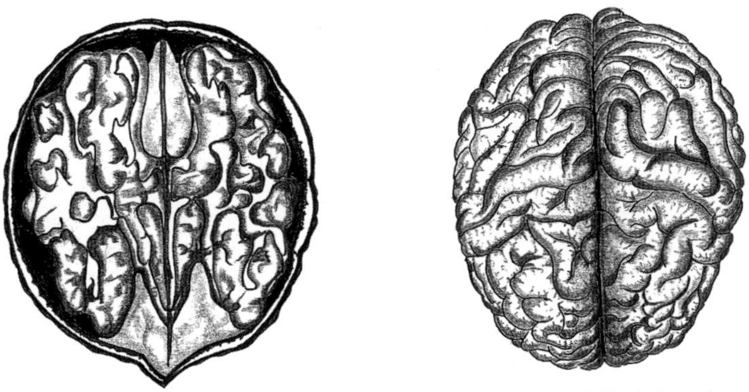

Geöffnete Baumnuß (links) und menschliches Gehirn (rechts) – beide von oben betrachtet.

Die Blutwurz (Tormentill)

Dieses unscheinbare Pflänzchen mit der vierblättrigen, gelben Blüte hat im Verhältnis zu der ganzen Pflanze einen sehr großen, dicken Wurzelstock. Beim Zerschneiden dieser Wurzel stellen wir fest, daß die hell erscheinende Wurzelschnittstelle zu bluten beginnt. Tatsächlich lassen sich mit dieser Wurzel oder deren Extrakten innere Blutungen oder übermäßige Menstruationsblutungen stillen. Dies ist also ein Beispiel der Signaturlehre mit entsprechender Wirkung der Droge und auch der Namensgebung.

Das Knabenkraut

Sicher kennen Sie diese wunderschönen Orchideen, die oft schon früh, im Vorsommer, die Alpwiesen zieren. Beim Betrachten der Wurzeln dieser Pflanze stellen wir fest, daß sich immer zwei Wurzelknollen bilden, die den männlichen Hoden ähnlich sehen: daher der Name Knabenkraut. Tatsächlich wurde im Mittelalter, zur Zeit des Paracelsus, diese heute als giftig geltende Wurzel gegen Entwicklungsstörungen der männlichen Unterleibsorgane eingesetzt.

Ob Wissenschaft, Erfahrungswissenschaft oder Philosophie – die nicht mehr in unsere heutige moderne Zeit paßt – zumindest hilft uns die Signaturlehre, die Eigenheiten und die Benennung der Heilpflanzen etwas besser zu verstehen.

Natur und Chemie im Vergleich

Im Zusammenhang mit den Heilpflanzen scheinen Natur und Chemie zwei unvereinbare Gegensätze zu sein! Andererseits können die Lebensvorgänge einer Pflanze als sehr komplizierte chemische Vorgänge erfaßt werden. Was die chemische Wissenschaft jedoch weder begreifen noch analysieren kann, ist die „Lebenskraft" einer Pflanze oder die Beantwortung der Frage „warum keimt ein Same". Versuchen wir einige Aspekte von Natur und Chemie, soweit diese für die Heilpflanzenkunde Bedeutung haben, zu ergründen.

Etwas hart ausgedrückt, trennt der Chemiker gewaltsam, was die Natur harmonisch zusammengefügt hat. Das Gleiche naturwissenschaftlich ausgedrückt: Der Chemiker erforscht – was natürlich der Naturheilkunde ebenfalls dienen kann – eine Heilpflanze, indem er sie in die verschiedensten, zahlreichen Stoffe und Wirkstoffe zerlegt, d.h. analysiert. In beiden Formulierungen liegt die Wahrheit.

Ganzheitslehre und analytisches Denken

Hier begegnen wir zwei Welten. Der Vertreter der Naturheilkunde hat die feste Überzeugung, daß die natürliche Zusammensetzung der unzähligen Stoffe (Wirkstoffe) in einer Heilpflanze unverändert als harmonisches Ganzes, als Heilmittel, eingesetzt werden sollte. Die Pflanze, mit einem harmonischen Gefüge aus unzähligen Stoffen, entspricht dem naturgesetzlich, harmonisch entstandenen Organismus des Menschen. Die Ganzheitslehre (heute oft auch aus dem Amerikanischen *Holistik* genannt) lehrt die alte Weisheit und Wahrheit, daß Seele, Körper und Geist untrennbar miteinander verbunden sind und demzufolge Krankheiten oder Leiden nach denselben Naturgesetzen harmonisch zur Heilung beeinflußt werden sollten.

Die meisten Vertreter der analytischen Chemie denken logischerweise anders. Für sie hat nicht die ganze Pflanze eine spezifische Heilwirkung, sondern nur ein oder wenige darin vorkommende Wirkstoffe. Diese werden dann mit Hilfe der enorm weit fortgeschrittenen analytischen Chemie analysiert und aus der Pflanze isoliert. Dieses Denken führt dann zur Herstellung und Anwendung der sogenannten Monosubstanzen.

Monosubstanzen

Am Beilspiel der Spierblume *(Filipendula ulmaria)* versuchen wir, das Monosubstanzen-Denken der analytischen Chemie zu erklären. Die Spierblume ist eine altbewährte Heilpflanze, die bei Fieber, rheumatischen Erkrankungen, Kopfweh, Grippe etc. hilft. Die in diesen Blüten vorkommenden und analytisch isolierten Salicylverbindungen sind zweifellos die Hauptwirkstoffe dieser wunderbaren Pflanze. Der rein analytisch denkende Chemiker wird nun sagen: „Danke Pflanze, daß du mir die Vorlage und Idee geliefert hast. Was in dir wirkt, habe ich nun gefunden." Alle weiteren Stoffe scheinen für ihn reiner Ballast zu sein. Die Chemie ist nun imstande, diesen Hauptwirkstoff aus der Pflanze isoliert zu extrahieren oder gar synthetisch herzustellen. So entsteht die sogenannte Monosubstanz, die für den Chemiker angeblich besser und klarer eingesetzt werden kann.

Für den Vertreter der Naturheilkunde bedeutet eine Monosubstanz jedoch in keiner Weise mehr ein harmonisches Naturheilmittel, wie dies bei der ganzen Droge der Fall ist. Er vertritt die Auffassung, daß sich in einer Pflanze alle Stoffe, die darin vorkommen, harmonisch ergänzen. Wir haben auch hier wiederum die zwei Welten, die sich schwer verstehen können – einerseits die Ganzheitslehre und andererseits das Monosubstanzen-Denken.

Am Beispiel der zitierten Spierblume sehen wir, wie sich ein modernes Medikament von natürlichen Wirkstoffen zu synthetischer Zusammensetzung entwickelt hat und wahrscheinlich dem Produkt den Namen gab: „Aus der Spierblume" wird zu „As-pirin" (Aspirin). Natürlich gibt es auch Möglichkeiten und Beispiele, wo sich diese beiden Philosophien ergänzen können. So erfolgt die moderne Einteilung der Drogen (wie in den letzten Kapiteln besprochen) in Wirkstoffgruppen nach der analytischen Chemie.

Die analytische Chemie ist heute fähig, absolut kleinste Spuren von Stoffen in einer Pflanze zu identifizieren, was einerseits äußerst interessant, andererseits für die Naturheilkunde, wenn nur einseitig „chemisch" betrachtet, verheerend sein kann.

Immer mehr giftige und immer mehr wirkungslose Heilpflanzen!?

Von der Fach- bis zur Boulevard-Presse finden wir in den letzten Jahren oft Meldungen über „beängstigende Entdeckungen der Chemie"; es seien in einer altbewährten Heilpflanze Spuren von giftigen Stoffen, oft sogar krebserregende Stoffe entdeckt worden. Tierversuche (nach unserer Ansicht ohnehin fraglich) hätten ergeben, daß solche Stoffe als Monosubstanzen in großer Dosierung gesundheitsschädigend seien. Vom weiteren Gebrauch dieser altbewährten Heilpflanzen wird dann meist gewarnt, oder die Pflanze wird als Folge der Analyse als Giftpflanze eingestuft.

Wichtig: Wir müssen hier betonen, daß es sich dabei nicht um anerkannte Giftpflanzen, von denen wir bereits gesprochen haben, handelt, sondern um altbewährte Heilpflanzen, in denen die „Gifte" nur in äußerst kleinen Spuren vorhanden sind.

Betrachten wir nun einige Beispiele aus dem Nahrungsmittelangebot: Beinahe in jeder Kartoffel findet die analytische Chemie Spuren von „Solanin", in jeder Tomate Spuren von „Oxalaten" und „Oxalsäure" und im weitverbreiteten Genußmittel Kaffee sogar größere Mengen „Koffein" und „Chlorogensäure". Alle diese Stoffe wären, als Monosubstanz in großer Dosis verabreicht, äußerst gesundheitsschädigend oder sogar tödlich für Mensch und Tier. Die Erfahrung lehrt aber, daß die unzähligen anderen Stoffe in diesen Naturprodukten die Spuren dieser Giftstoffe unschädlich machen oder gar neutralisieren. Würden wir diese Nahrungsmittel und oft auch einige Genußmittel nach den gleichen Kriterien beurteilen, wie vorhin genannt, so wären wahrscheinlich Kartoffeln, Tomaten und Kaffee nur mit ärztlicher Verordnung erhältlich.

Es geht uns keineswegs darum, wirkliche Giftpflanzen „salonfähig" oder gar die chemische Wissenschaft lächerlich zu machen; wir möchten jedoch das Ganze etwas relativieren. Unsere Meinung ist, daß wir sowohl die Monosubstanzen der modernen Medizin wie auch Naturheilkunde brauchen – beides in den richtigen Händen und am richtigen Ort. Wir wünschen uns für die Zukunft ein besseres Verständnis zwischen diesen beiden Wissenschaften ohne Konkurrenzdenken.

Ähnliches widerfährt auch altbewährten Heilpflanzen, bei denen die analytische Chemie keine eindeutig wirkenden Stoffe findet. Diese werden dann oft als wirkungslos taxiert und als Heilpflanzen nicht mehr anerkannt. Auch bei solchen „Heilpflanzen" ist es eben möglich, daß nicht nur ein einziger verantwortlicher Hauptwirkstoff eine Eigenwirkung haben kann, sondern die sich ergänzenden, unzähligen vorhandenen Stoffe in naturgesetzlich entstandener Zusammensetzung. Denken Sie dabei an die bereits angesprochene Signaturlehre!

Verträglichkeit und Nebenwirkungen

Richtig eingesetzt und richtig dosiert werden Naturheilmittel ohne Nebenwirkungen gut vertragen und in unserem Organismus stoffwechselanalog abgebaut. Dies setzt jedoch eine sinnvolle Anwendung voraus, die wir in diesem speziellen Heilpflanzenbuch mit sinnvollen und bewährten Rezepten besprechen möchten.

Oft hören wir die Behauptung, moderne Medikamente seien Symptombekämpfer, und Naturheilmittel würden in jedem Fall die Ursachen unserer Leiden heilen. In beiden Behauptungen liegt wieder eine Wahrheit, die wir nicht verallgemeinern können. Tatsache ist sicher, daß die moderne Medizin oft auf eine möglichst rasche Bekämpfung der Symptome ausgerichtet ist, was, wenn vom Arzt richtig beurteilt, auch sinnvoll sein kann. Darum gehören stark wirkende Medikamente, wie vom Gesetz auch vorgesehen, in die Hände des Arztes. Aus den verschiedensten Gründen werden jedoch heute zu viele starke Medikamente eingesetzt.

Als überzeugte Vertreter der Naturheilkunde müssen wir Sie vielleicht in dem Sinne etwas enttäuschen, als wir sagen, die Naturheilmittel können nicht generell einfach alle Ursachen bekämpfen. Die Bedeutung der Heilpflanzen wird jedoch dadurch keinesfalls geringer! Eine Ursachenbekämpfung ist schon darum nicht möglich, weil wir einerseits die effektive Ursache eines Leidens oder einer Krankheit nicht kennen und auch darum, weil gesetzesmäßig jede Ursache wiederum eine tiefere Ursache hat. Vielleicht kommen wir in diesem Zusammenhang sogar zu der philosophischen Überzeugung, daß schlußendlich jede Ursache einer Krankheit im seelischen Bereich liegt.

In diesem philosophischen Sinne bedeutet ein Naturheilmittel auch eine „Versöhnung" mit der Natur und mit der eigenen Lebensweise, da wir damit unser eigenes Abwehrsystem, d.h. einen natürlichen Heilungsprozeß anregen. Dies hat eine noch wichtigere Bedeutung, wenn wir annehmen , daß die Ursachen vieler Leiden in uns selbst liegen.

Wenn wir die oft geäußerte Behauptung der Ursachenbekämpfung im richtigen Sinne revidieren, kommen wir der Realität näher. So sollten wir präzisieren, daß wir mit den Heilpflanzen und den Naturheilmitteln versuchen, Krankheiten oder Leiden **ursächlicher** (der Ursache möglichst nahe) und **ganzheitlich** zu behandeln. Dies geschieht, indem wir z. B. bei Migräne nicht einfach den Schmerz durch Beeinflussung unseres Nervensystems und Erweiterung der Blutgefäße lindern wollen, sondern den ganzen Organismus, in diesem Falle die Stoffwechselorgane, ganzheitlich einbeziehen.

Von der Heilpflanze zur Tee-Droge

Täglich brauchen wir Heilpflanzen in irgendwelcher Form, sei dies als Gewürz, als Genußtee, Medizinaltee oder verarbeitet in verschiedenste Naturheilmittel. Meist werden dies sogenannte Handelsdrogen sein, und sie werden nur in wenigen Fällen aus dem eigenen Kräutergarten stammen.

Woher kommen all diese Gewürze und Kräuter – wo wachsen sie und was geschieht mit ihnen, bis sie getrocknet und abgepackt im Handel erhältlich sind?

Den Weg von der Heilpflanze, die an ihrem natürlichen Standort gedeiht oder aus einem sogenannten Kräuteranbau stammt, bis zur gebrauchsfertigen Droge wollen wir etwas näher verfolgen.

In Pflanzenführern und botanischen Lehrbüchern finden wir die theoretische Grundlage, die uns die Natur durch Beobachten der Pflanzen bestätigt. An bestimmten Orten begegnen wir Pflanzen in richtigen Rudeln, und andere, wenn wir am falschen Ort suchen, werden wir überhaupt nicht finden. Das Klima und die idealen Bodenverhältnisse sind für einen natürlichen Standort der Pflanzen äußerst wichtig. Viele unserer Heilpflanzen bevorzugen Kalk, Lehm, Moorboden oder gar Sumpfgebiete, andere sind wiederum auf die Gesteine, wie z.B. Granit, angewiesen, die unter der Humusschicht vorkommen. Am Beispiel von Arnika *(Arnica montana)* sehen wir, daß der ideale Standort dieser wunderbaren Heilpflanze in den Voralpen, auf einer Höhe zwischen etwa 1000-2000 Metern liegt, und zwar nur auf kalkarmem Boden. Einige Forscher sind sogar der Meinung, daß die Arnika die schwach radioaktive Strahlung des Granits oder Gneis braucht, um optimale Wirkstoffe zu entwickeln.

Mit einigen Gärtnertricks, Kunstdünger, Spritzmitteln oder Bodenkorrekturen wird es vielleicht möglich sein, Pflanzen wie Arnika auch in tieferen Regionen für kurze Zeit in einem Ziergarten anzubauen. Eine solche Pflanze wird jedoch nie zur Heilpflanze, weil eben alle natürlichen Umstände fehlen, damit sie ihre Wirkstoffe produzieren kann. Ein anderes Beispiel, die berühmte asiatische Ginsengwurzel *(panax ginsèng)*, braucht gemäß den chinesischen Forschern Klimaverhältnisse in den Bergen Nordchinas, wo die Bodentemperatur im Winter auf etwa minus 40°Celsius sinkt. Nur diese, zudem noch mindestens 6 Jahre alten Ginsengwurzeln, liefern die begehrte Medizin mit dem optimalen Wirkstoffgehalt.

Neben diesen Klima- und Bodenverhältnissen sind es vielleicht auch die astralen Einflüsse, die den idealen Standort dieser Pflanze mitbestimmen. In dieser Hinsicht ist die Forschung jedoch noch nicht weit fortgeschritten. Es handelt sich hier um eine schwer faßbare Wissenschaft, die sehr vielen Spekulationen freien Lauf läßt. Oft wird von Astrologie-Kundigen versucht, die einzelnen Pflanzen einem speziellen Planeten zuzuordnen und für die Ernte nicht nur Mondphasen sondern auch Planetenkonstellationen zu berücksichtigen. Solche „Erkenntnisse" lassen sich, mit Ausnahme der Berücksichtigung von Sonne und Mond, meist nur schwer in der Praxis anwenden.

Was wir jedoch gut beobachten können, sind die Pflanzen, die starke Sonnenbestrahlung lieben oder eben eher schattige Orte bevorzugen. In Gebieten, in denen die Naturgewalten wie Stürme oder Lawinen Waldgebiete zerstören, ist die Natur besonders interessant. In solchen, anscheinend stark zerstörten Regionen gedeihen plötzlich „neue" Kräuter in einer großen Art und Vielfalt, die dann nach einigen Jahren durch Sträucher, Stauden und den neu entstehenden Wald wieder verdrängt werden.

Die geographische Verbreitung von gleichen Pflanzenarten erstreckt sich oft innerhalb der gleichen Breitengrade um den ganzen Erdball. Eine große Anzahl unserer Bergflora finden wir auch im hohen Norden Skandinaviens auf Meereshöhe, weil dies Standorte mit ähnlichen Klimaverhältnissen sind.

An vielen Orten gibt es auch sogenannte „endemische" Pflanzenarten. Dies bedeutet, daß sich gewisse Pflanzen an ganz speziellen Standorten eigenwillig entwickelt haben und in dieser Art nur dort exklusiv vorkommen. Ein typisches Beispiel dafür ist der Südwesten Australiens, wo etwa 80 % der gesamten Flora endemisch ist.

Eine bedenkliche Tatsache ist, daß unsere Zivilisation so viele natürliche Standorte für Pflanzen und demzufolge auch für Insekten und Tiere zerstört. Die meisten Heilpflanzen bevorzugen sogenannten Magerboden. Da die allermeisten Wiesen unserer Landwirtschaftsgebiete hoffnungslos überdüngt sind, werden wir auf solchen Wiesen nicht mehr viele Heilpflanzen finden. Die gelbe Blütenpracht des Löwenzahns auf vielen Frühlingswiesen mag auf den ersten Blick als schön empfunden werden. Wenn wir jedoch darüber nachdenken, bedeutet dies eine enorme Verarmung der Natur, da eben nur der stickstoffliebende Löwenzahn und Gräser überleben können. Es ist bedenklich, aber wahr, daß entlang der modernen Autobahnen, wo an vielen Aufschüttungen nicht gedüngt wird, die größte Artenvielfalt von Pflanzen vorzufinden ist.

Wildwachsende und kultivierte Heilpflanzen

Analog dem Jahrtausende alten Ackerbau, bei dem der Mensch Getreide und Gemüse in mehr oder weniger großflächigen Kulturen anbaut, versucht man in den letzten Jahrzehnten auch Heilpflanzen zu kultivieren, um so rationeller ernten zu können. Werden dabei die natürlichen Standorte und ein streng biologischer Anbau berücksichtigt, so ist dies für eine relativ große

Anzahl von Heilpflanzenarten möglich. Es sind dies Pflanzen, wie verschiedene Minzenarten, Salbei, Kamille, Sonnenhut, Wallwurz u.v.m., die in bezug auf Standort und Bodenverhältnisse nicht allzu große Ansprüche stellen. Es gibt aber immer noch eine sehr große Anzahl Planzenarten, die nur als wildwachsende Pflanzen gesammelt werden können. Dazu gehören viele Heilpflanzen unserer Voralpen, wie z. B. die Silberwurz, die Blutwurz *(Tormentill)* und auch die schon zitierte berühmte Arnika u.v.m.

Sonnenhut (Echinacea purpurea) – Anbau im Garten der historischen Drogerie im Schweizerischen Freilicht-Museum Ballenberg.

Die Handelsdrogen

Viele der etwa 600 in Europa im Handel erhältlichen Drogen stammen aus fremden Klimazonen, wie z. B. den Tropen. Dazu gehören alle bekannten Gewürze wie Muskatnuß, Pfeffer, Pimento, Zimt, Gelbwurz u.v.m. Woher stammen aber die sogenannten einheimischen Drogen? Die Zeit, als Kräuterfrauen oder Kräutermänner ihre gesammelten Drogen auf dem Markt oder in ihren Kräuterstuben – zusammen mit vielen guten Ratschlägen – anboten, ist in Europa beinahe gänzlich vorbei. Dies gilt ganz speziell auch für Deutschland, Österreich und die Schweiz. Einerseits sind – bezüglich des Zeitaufwands für das Sammeln und für den kulturellen Anbau – die Löhne bei uns sehr hoch, andererseits sind die Gebiete, in denen Heilpflanzen noch natürlich vorkommen oder auch angebaut werden, aus schon genannten Gründen sehr beschränkt. Die meisten der bei uns im Handel erhältlichen Drogen stammen also aus dem nahen oder fernen Ausland, wo entweder die Sammlerlöhne geringer oder die Anbauflächen in optimaler Art noch vorhanden sind.

Viele einheimische Heilpflanzen, wie z. B. der insektenfressende Sonnentau, sind in mitteleuropäischen Ländern nicht nur streng geschützt, sondern kaum mehr zu finden. In ähnlichen Klimaverhältnissen, in den Moorgebieten von Finnland, ist der Sonnentau jedoch noch sehr verbreitet.

Nomenklatur

Damit international die gleichen Bezeichnungen für Pflanzen gebraucht werden und keine Verwechslungen erfolgen, werden die Pflanzen mit ihren lateinischen Bezeichnungen benannt. Das gleiche gilt für die Fachliteratur und die sogenannten offizinellen Arzneibücher. Dies sind die Arzneibücher jedes Landes, in denen der Gebrauch von Arzneimitteln und vieler Heilpflanzen geregelt ist. Seit neuem gibt es auch eine europäische Pharmakopöe, die in den nächsten Jahren die landesüblichen Arzneibücher ersetzen wird.

Hier einige Beispiele der fachlich korrekten Nomenklatur:

Kamillenblüten 1. Qualität	
Stammpflanze der Kamille:	*Chamomilla recutita*
Blüten:	*Flos*
Qualitätsbezeichnung:	*Extra I*
Korrekte Handelsbezeichnung:	*Chamomillae Flos Extra I*

Weitere Beispiele für die meist verwendeten Pflanzenteile der Drogen sind:

Wurzel:	*Radix*	Rinde:	*Cortex*
Wurzelstock:	*Rhizoma*	Frucht:	*Fructus*
Ganzes Kraut:	*Herba*	Samen:	*Semen*
Blüte:	*Flores (Flos)*		
Blatt:	*Folium (Folia)*		

Um Verwechslungen auszuschließen, haben wir im Rezeptteil dieses Buches die Pflanzennamen deutsch und auch lateinisch benannt.

Qualität und Prüfmethoden

Die Entwicklung der analytischen Prüfmethoden während der letzten zwei bis drei Jahrzehnte sowie die Perfektionierung der entsprechenden Apparaturen haben zu einer erheblichen Qualitätsverbesserung der Tee-Drogen beigetragen. Auch wenn die importierten Drogen nicht generell, sondern meist nur in Stichproben geprüft werden, können wir aufgrund unserer Erfahrungen bestätigen, daß speziell in den mitteleuropäischen Ländern sehr gute und weitgehend rückstandsfreie Heilpflanzen gehandelt werden.

In einer modernen Firma, die Heilpflanzen-Drogen handelt und verarbeitet, sind folgende Prüfmethoden üblich:

Selektionierender Einkauf mit sogenannten Kaufmustern und Begutachtung der Herkunftsgebiete. Minderwertige Ware wird nicht gehandelt.

Begasung der Handelsware nach Wareneingang. Diese dient der Insektenvertilgung und geschieht meist mit dem Gas Phostoxin (Phosphorwasserstoff). Nach einer solchen Behandlung sind absolut keine toxischen Rückstände in den Drogen nachweisbar, da sich das Gas vollkommen verflüchtigt.

Qualitätsprüfung. Unterteilt in Identitätsprüfung (mikro- und makroskopische Beurteilung), Aschebestimmung (Anteil mineralischer Komponenten), Untersuchung des Wasseranteils, der nicht höher als 12 % sein soll, und schließlich des Gehalts an entsprechenden Wirkstoffen.

Rückstandsanalytik. Handelsdrogen werden auf Pestizide, Herbizide, Fungizide sowie den Gehalt an Schwermetallen wie Blei, Cadmium und Quecksilber geprüft.

Alle gehandelten oder weiter verarbeiteten Drogen müssen mindestens den vorgeschlagenen Grenzwerten der WHO entsprechen.

Der eigene Heilkräutergarten

Sofern wir die Gesetze des biologischen Gartenbaus berücksichtigen und uns etwas mit der richtigen Wahl von Heilpflanzen, die in unsere Gärten passen, befassen, steht einem eigenen Kräuter- oder Gewürzgarten nichts im Wege.

In einem gesunden Kräutergarten müssen die Bedürfnisse der Menschen, die den Garten erfolgreich nutzen möchten, ebenso berücksichtigt werden wie die Bedürfnisse der einzelnen Pflanzen. Dies betrifft nicht nur die klimatischen Verhältnisse, sondern auch die „Nachbarschaft" der einzelnen Pflanzen. So gehört z. B. der Liebstöckel an den Rand eines Gartens, in ein größeres Beet, da er den anderen Pflanzen zu viel Energie und Nährstoffe nimmt. Minzenarten, die sich im Garten wohlfühlen, wuchern stark und müssen, damit sie die anderen Pflanzen nicht verdrängen können, ebenfalls separiert oder in Abteilen mit tiefen Abgrenzungen gepflanzt werden.

Eine möglichst einheimische Mischkultur hilft, daß der Garten weitgehend schädlingsfrei bleibt. Dies ist auch darum wichtig, da in einem gesunden, biologischen Kräutergarten weder Kunstdünger noch chemische Spritzmittel eingesetzt werden sollten. So hilft Thymian Blattläuse und der Ysop Schnecken fernzuhalten.

Fremdländische und typische Mittelmeerpflanzen, die sich aus klimatischen Gründen kaum im Freien überwintern lassen, pflanzt man am besten in Töpfe. Dazu gehört auch Basilikum, der zudem enorm viele Schnecken anzieht und deshalb in einem hohen oder speziell geschützten Topf am besten gedeiht.

Wenn Sie die Beobachtung machen, daß eine Pflanze in Ihrem Heilkräutergarten nicht oder nur sehr ungesund gedeiht, müssen Sie dies als naturgesetzliche Tatsache verstehen. Aus irgendwelchen Gründen wird dieser Pflanze der Standort nicht passen. Es gibt sicher noch viele Möglichkeiten, für diese Stelle ein anderes Kräutlein zu finden. Im Buchhandel finden Sie eine große Auswahl entsprechender Literatur für biologischen Gartenbau.

In bezug auf den eigenen Heilkräutergarten bekommen wir oft die Frage gestellt: Kann man direkt aus dem eigenen Kräutergarten, aus frischen Pflanzen, einen Kräutertee zubereiten, oder muß man diese zuerst trocknen? Selbstverständlich lassen sich die eigenen Heilpflanzen aus dem Garten sowie auch die selbstgesammelten Wildpflanzen direkt als frische Drogen für Tees gebrauchen. Die nicht als frische Drogen verwendeten Heilpflanzen lassen sich durch Trocknen für den Winter „konservieren".

Hier noch eine kleine Denkaufgabe: Brauchen Sie, um einen an Wirkstoffen gleichwertigen Kräutertee herzustellen, in bezug auf das Gewicht und das Volumen mehr frische oder mehr getrocknete Drogen? – Antwort: Da frische Pflanzen sehr viel Wasser (ca. 80 %) enthalten, brauchen wir dafür mehr frische als getrocknete Drogen!

Wildkräuter und Wildfrüchte

Von der Urzeit bis heute

Es scheint heute wahrscheinlich, daß der Urmensch, lange bevor sich die bisher erforschten und bekannten Kulturen in verschiedensten Klimazonen entwickelt haben, ursprünglich aus den Tropen stammt. Ebenso wahrscheinlich ist es, daß er sich dort hauptsächlich von Wurzeln, Knollen, Zwiebeln, Samen, Nüssen, Früchten und Blättern ernährt hat.

Mit der verstandesmäßig gelernten Fähigkeit, gezielt das Feuer zu nutzen, konnten die Urmenschen immer bessere und effizientere Werkzeuge herstellen. Unter immer genauerer Beobachtung der Natur entwickelte sich der Ackerbau. Wir können uns gut vorstellen, daß dadurch auch der sukzessive Vorstoß in kältere und gemäßigtere Klimazonen möglich war. Alle diese Fähigkeiten und Völkerwanderungen führten zu Kulturen und Zivilisationen auf allen Erdteilen.

Bei Begegnungen mit wildwachsenden Pflanzen macht man sich kaum noch Gedanken darüber, daß diese vor gar nicht so langer Zeit nicht nur als probate Hausmittel bei Krankheiten dienten, sondern von allen Völkern der Erde als Nahrung verwendet wurden.

Durch Kreuzen und Maximieren (Verwendung der stets größten Pflanzen als Zuchtexemplare) haben die Menschen aus Gräsern die Getreidesorten, aus verschiedensten Wildpflanzen ertragreichere Wurzel- und Blattgemüse jeder Art, viele Nußarten und später auch aus Wildgewürzen ertragreichere Gartengewürze entwickelt. Jede Kultur hat, je nach geographischer Lage, ihre typischen Getreidesorten und Gemüse hervorgebracht. Am Beispiel von Mais, der Kartoffel und der Tomate, die ursprünglich alle aus den Tropen stammten, sehen wir auch die Möglichkeit, einige tropische Pflanzen durch Züchtung und Akklimatisierung wenn auch nicht winterhart, so doch in der Sommersaison in gemäßigten Zonen anzubauen und zu nutzen.

Wir sehen, daß alle „modernen" Gemüse irgendwo in der Natur ihre „wilden Ahnen" haben. Die Vorteile dieser modernen Gemüse sind zweifellos der viel größere Ertrag und die Möglichkeit des Kultivierens im Ackerbau.

Trotzdem lohnt es sich, ganz speziell im Rahmen der Naturheilkunde, sich auch mit **Wildsalaten**, **Wildgemüsen**, **Wildfrüchten**, **Wildbeeren** und **Wildgewürzen** zu befassen. Nicht nur die typischen Heilpflanzen, sondern auch die richtig gewählten Nahrungsmittel können für uns Heilmittel sein. Die Vorteile dieser „wilden" Nahrungsmittel, die von Natur aus auf dem geeignetsten Boden und im geeignetsten Klima gedeihen, sind der äußerst konzentrierte Gehalt an Wirkstoffen, Vitaminen und Spurenelementen. Speziell an Wildfrüchten und Wildgewürzen erkennt man dies am viel ausgeprägteren und typischen Geschmack gegenüber vielen hochgezüchteten, modernen Sorten.

Mit der Möglichkeit der Genmanipulation wird der Eingriff in die Natur noch extremer – mit unabsehbaren Folgen für den biologischen Kreislauf. Seit Jahrtausenden wissen wir, daß der Mensch die Natur niemals beherrschen, sie jedoch irreversibel zerstören kann!

Erfreuen wir uns also an den wildwachsenden „Nutzpflanzen", indem wir z. B. im Frühjahr niemals auf Wildsalat aus Brennesselblättern, Bärlauch und Löwenzahn verzichten. Die Natur liefert uns damit in der richtigen Jahreszeit, wenn wir eine Entschlackung nach dem Winter notwendig haben, genau die richtigen „wilden Nahrungsmittel". Vom Sommer bis in den Herbst liefern uns dann die Himbeere, die Walderdbeere, die Brombeere, die Heidelbeere, der Holunder u.v.m. die gesündesten „wilden Desserts".

Die Nutzung von Heilpflanzen als Wildsalate oder Wildgemüse ist nur dann sinnvoll, wenn wir Regeln zum Sammeln von Pflanzen berücksichtigen und unsere Wildgemüse und Wildsalate nur in kleinen Mengen als Zugabe zu Salaten oder Gemüsen verwenden. Brennesseln, Löwenzahn und Bärlauch bilden eine Ausnahme, da diese vielerorts in großen Beständen vorkommen. Beim Sammeln von Beeren können wir ebenfalls etwas großzügiger sein, wenn wir die Pflanze dabei schützen. Es ist Ehrensache, daß wir die Heidelbeeren von Hand pflücken und nicht mit einem sogenannten Pflückkamm die Pflanze schädigen!

Die Verwendung in der Küche

Wir kennen wohl eine ganze Reihe von in- und ausländischen Kulturgemüsen, jedoch bieten uns die Wildkräuter, oft gar als Unkraut bezeichnet, eine willkommene Abwechslung auf dem Küchenzettel. Diese Kräuter haben meist einen herben, oft eigentümlichen Geschmack, aber vorwiegend einen hohen gesundheitlichen Wert.

Besonders in der gemüsearmen Zeit in den Wintermonaten bieten sie uns eine Bereicherung in der Küche. Sie sind reich an wichtigen Inhaltsstoffen wie Mineralsalzen, Spurenelementen, Chlorophyll und Vitaminen, besonders dem Vitamin C. (Zum Vergleich: 100 g Gänseblümchenblätter enthalten 85 mg Vitamin C, 100 g Bibernelle enthalten sogar 540 mg Vitamin C, dagegen sind in 100 g Kopfsalat lediglich 13 mg dieses Vitamins enthalten.)

Wildkräuter gedeihen auf einem von der Pflanze selbst gewählten Standort. Sie sind demnach den mit Mist, Jauche, Kunstdünger, chemischen Spritz- und Gießmitteln oder mit Treibhausluft aufgepäppelten Kulturgemüsen weit überlegen. Besonders von Leuten, die das biologische Gärtnern bevorzugen, aber auch von empfindlichen oder krankheitsanfälligen Personen werden Wildkräuter als Wildgemüse sehr geschätzt.

Es ist ganz klar, daß eine solche Pflanze in vollkommener Harmonie, unbeeinflußt und ungehemmt in ihrer Entwicklung, einen hohen biologischen Wert darstellt.

Hat nicht Großmutter beim Zubereiten von Spinat diesem noch frische Brennnesselblätter beigefügt? Die Brennesselblätter wurden nicht etwa zur besseren Ausgiebigkeit mitgekocht, sondern haben den Spinat mit wertvollen Aufbaustoffen wie Eisen, Kalzium, Silizium und Vitaminen aufgewertet und verbessert.

So läßt sich eine große Anzahl Wildkräuter als Gemüse, Salate oder in Suppen verwenden. Die beste Jahreszeit zum Sammeln ist das Frühjahr, bevor die Pflanzen zu blühen beginnen. Dann können wir vor allem junge, zarte Pflanzen verwenden, die noch wenig Bitterstoffe enthalten. Wir verwenden sie roh als Salate, so bleiben ihre Wirkstoffe und das würzige Aroma am besten erhalten.

Die Wildgemüse-Saison dauert jedoch beinahe über das ganze Jahr, denn immer wieder wachsen neue Triebe und junge Pflänzchen nach. Die zu Gemüsegerichten gekochten Wildkräuter schmecken am besten, wenn sie gemischt verwendet werden. Hier kann nun jedermann nach seinem Geschmack und Belieben seine bevorzugte Mischung „kreieren".

Es ist darauf zu achten, daß die gesammelten Wildkräuter für die Zubereitung in der Küche gründlich verlesen und gewaschen werden. Junge, zarte Wildkräuter können als ganze Blätter, ohne Stiel, vor allem für Salate verwendet werden. Größere Blätter können entweder klein geschnitten in Suppen getan oder grob geschnitten oder sogar ganz zu Wildspinat oder Wildgemüse verarbeitet werden.

Nachfolgend einige der in der Küche oft verwendeten Wildkräuter.

Salate

Viele Wildsalat-Kräuter sind nicht so zart wie Kultursalate. Einige haben sogar einen leicht bitteren oder herben Geschmack. Nach dem Kleinschneiden und Mischen gleicht sich der Geschmack jedoch gut aus. Die Wildsalate mischt man am besten mit Kultursalaten (Kopfsalat, Feldsalat, Endivien, Lattich etc.), dazu etwas feingeschnittene Zwiebeln oder Knoblauch. Weitere würzende Zutaten können sein: Sauermilch, saure Sahne, Buttermilch, Joghurt und andere milde Salatgewürze.

Sammelzeit: Januar/Februar

Brunnenkresse (Nasturtium officinale)

Dieses rettichartig schmeckende Kraut ist uns als eines der frühesten Wildkräuter sehr willkommen. Es wächst vor allem in klarem, fließendem Wasser, in Quellen, Bächen und wasserführenden Wiesengräben, welche auch im Winter nicht zufrieren. Die über die Wasseroberfläche hinausragenden Blätter sind gefiedert mit fünf bis neun rundlichen Blättchen. Die Brunnenkresse soll nach neueren Forschungen zu den jodhaltigsten Landpflanzen gehören. Außer dem hohen Vitamin-C-Gehalt sind noch viele weitere Wirkstoffe nachweisbar. Brunnenkresse wird vor allem zu Frühjahrskuren benutzt.

Löwenzahn (Taraxacum officinale)

Eine weitverbreitete und vielfach wenig beachtete Pflanze. Die frischgrünen, zarten Blätter sind lang, stark gesägt und laufen an einem kurzen Blattstiel herab. Auf einem langen, glatten und hohlen Stengel sitzt ein auffallend gelbes Blütenkörbchen. Der Löwenzahn besitzt in seiner ganzen Pflanze wertvolle Stoffe zum Aufbau und zur Gesunderhaltung unseres Körpers. Er ist reich an vielen Mineralsalzen und Vitaminen.

Scharbockskraut (Ranunculus ficaria)

Das Scharbockskraut gehört zu den frühesten Frühlingsblümchen. Die grundständigen, langgestielten Blätter sind herzförmig oder rundlich. Der Stengel ist meist liegend oder verzweigt aufsteigend und trägt am Ende eine glänzende, goldgelbe Blüte. Scharbock enthält viel Vitamin C. Die vor der Blüte gesammelten jungen Blätter haben einen angenehm würzigen Geschmack.

Wiesenknopf, Kleiner (Sanguisorba minor)

Dieses unbehaarte, aufrechte Kraut hat einen hohlen, wenig beblätterten Stengel. Die unpaarig gefiederten Blättchen am unteren Ende des Stengels sind langgestielt und haben ovale, kurzgestielte, scharf gezahnte und glänzend dunkelgrüne, unten matthellgrüne Fliederblättchen. Die jungen Blättchen und Triebe haben einen nußartigen Geschmack und eignen sich gut für Mischungen mit anderen Wildsalaten.

Sammelzeit: März/April

Bärlauch (Allium ursinum)

Eine 15 bis 40 cm hohe Pflanze mit zwei grundständigen, langgestielten, länglichen Blättern. Mitunter werden Bärlauchblätter mit den glänzenden, pfeilförmigen Blättern des Aronstabes oder auch mit den giftigen Herbstzeitlosen-

und Maiglöckchenblättern verwechselt. Die stark nach Knoblauch duftende Bärlauchpflanze wächst in schattigen, feuchten Wäldern und an Waldrändern und meist so massenhaft, daß der Waldboden durch die vielen schönen, weißen Dolden wie beschneit aussieht. Die jungen Blätter werden vor der Blüte gesammelt und allein oder mit anderen Salaten zubereitet. Die feingehackten Bärlauchknospen geben der Salatsauce einen kräftigen aromatischen Geschmack.

Feldsalat, Ackersalat (Valerinella dentata)

Dieses zarte, langstielige Pflänzchen finden wir häufig in Hecken, an Rainen und auf Äckern. Es gibt als ganze Pflanze, kurz geschnitten, dem Wildsalat eine feine Note.

Gänseblümchen (Bellis perennis)

Überall und fast zu jeder Jahreszeit finden wir auf Wiesen- und Rasenflächen, auf Weiden und ungepflügten Äckern dieses einfache, doch höchst liebenswürdige Pflänzchen. Es hat weiße, rötlich angefärbte Strahlenblüten, welche das gelbe Blütenköpfchen umgeben. Die jungen Blättchen der Grundrosette haben einen angenehmen nußartigen Geschmack und ergeben als Salat eine gute Reinigungskur. Die kleinen Blüten sind, über den Wildsalat gestreut, eine schöne und gut mundende Dekoration.

Linde (Tilia cordata u. a.)

Der laubabwerfende Lindenbaum wird 20-25 Meter hoch und gehört wohl zu den bekanntesten und wichtigsten Laubbäumen. Bekannt und beliebt sind seine Lindenblüten, welche als Genuß- und Heiltee eine wichtige Rolle spielen. Die ovalen, halbrunden Blätter verfügen über einen langen, behaarten Stiel. Die jungen, hellgrünen Blätter sind sehr zart und eignen sich, klein geschnitten, besonders als stark aromatische Salatkräuter.

Schafgarbe (Achillea millefolium)

Diese ausdauernde Pflanze hat einen kriechenden Wurzelstock mit unterirdischen Ausläufern und wird bis zu 80 Zentimeter hoch. An dem aufrechten

Stengel sitzen viele wechselständige, ungestielte, fein fiederteilige, dunkelgrüne Blättchen. Die Schafgarbe ist stark verbreitet und wächst auf Wiesen, trockenen Grasplätzen, an Weg- und Feldrändern. Die noch ganz jungen Blättchen werden fein geschnitten über den Wildsalat gestreut. Schafgarbe ist eine sehr wichtige Heilpflanze mit stoffwechselanregenden, magenkräftigenden und bei Magen- und Darmbeschwerden heilenden Wirkungen.

Wiesenschaumkraut (Cardamine pratensis)
Das Wiesenschaumkraut blüht mit seinen blaulila kleinen Blüten oft in großer Zahl schon in den ersten Frühlingstagen auf allen Wiesen. Die Pflanze hat einen kahlen, hohlen Stengel mit unpaarig gefiederten Blättchen. Diese sind rundlich bis länglich und haben einen kresseähnlichen Geschmack. Die jungen, zarten Blättchen werden vor oder während der Blütezeit gesammelt.

Sammelzeit: April / Mai

▼

Rapunzel (Phyteuma spicatum)
Die ährige Rapunzel gedeiht in Laub- und Mischwäldern auf nährstoffreichem, feuchtem Boden und wird 20 -70 Zentimeter hoch. Gesammelt werden die geschlossenen, noch grünen Blütenknospen. Sie sind sehr zart und geben dem auf dem Teller angerichteten Wildsalat ein besonders dekoratives Aussehen.

Suppen

Für Suppen verwendet man Wildkräuter mit kräftigem Aroma oder speziellem Geschmack. Diese Kräuter werden als Zusatz in Cremesuppen, Kartoffelsuppen oder eine Bouillon gegeben.

Sammelzeit: Januar /Februar

▼

Gundelrebe/Gundermann (Glechoma hederacea)
Ein ausdauerndes, stark aromatisch riechendes Kraut mit bläulichen Blüten, die aus den Blattachsen wachsen. Die Blätter sind nierenförmig, am Rand

grob gekerbt und gegenständig. Die Pflanze ist weit verbreitet an feuchten, schattigen Stellen, auf Wiesen und Weiden, Äckern, in Wäldern, im Gebüsch, an Mauern, Hecken, Wegen. Zu Unrecht ist sie als ungeliebte Pflanze im Garten als Unkraut verschrien. Die jungen Blätter und Triebe werden zu stark würzigen Suppen gebraucht.

Wilder Thymian/Quendel (Thymus serpyllum)

Die Pflanze hat linear-lanzettliche kleine Blättchen und purpurrote bis rotviolette Blüten. Sie riecht angenehm aromatisch und hat einen würzigen Geschmack. Bevorzugte Standorte sind sonnige, trockene Hänge, Wiesen und Wegränder bis auf 3000 Meter Höhe. Nicht nur für würzige Suppen, sondern auch als Gewürzkraut findet der wilde Thymian, auch Feldthymian als weitere Bezeichnung, Verwendung.

Sammelzeit: März/April

▼

Bärenklau (Heracleum sphondylium)

Die ein- bis eineinhalb Meter hohe Doldenpflanze hat weiße bis grünlichgelbe kleine Blüten. Die einfach gefiederten oder tief fiederspaltigen Blätter sind rauh behaart. Die Grundblätter sind langgestielt, die Stengelblätter sind sitzend mit großbauchiger Blattscheide. Der Wiesenbärenklau wächst vor allem auf mit Jauche gedüngten Wiesen, jedoch findet man diese Pflanze auch an Gebüsch- und Waldrändern. Beim Sammeln muß man auf „saubere" Standorte achten. Die jungen Blätter, Sprossen und Stiele passen feingehackt zu Suppen, ganze Blätter gekocht zu Wildspinat.

Brennessel (Urtica dioica)

Die Brennessel ist sicher eine der bekanntesten Pflanzen. Der aufrechte Stengel ist vierkantig und 30 -150 Zentimeter hoch. Die daran kreuzgegenständig stehenden, dunkelgrünen Blätter sind beidseitig mit Brennhaaren besetzt. Sie ist sehr verbreitet und wächst fast überall, sei es an Wegen, Waldrändern, in Hecken, auf Schuttplätzen und als ungeliebtes Wildkraut in Gärten. Die jungen Blätter und Sprossen werden vor der Blütezeit gesammelt.

Geißfuß/Giersch/Baumtropfen (Aegopodium podagraria)

Dieses ausdauernde Kraut hat einen kriechenden Wurzelstock mit unterirdischen Ausläufern, welche stark wuchern. Es ist daher für viele Hobbygärtner zu einem großen Ärgernis geworden. Als Wildpflanze aber wissen wir die vielseitige Verwendung für Suppen, Salate und Wildgemüse zu schätzen. Verwendet werden die noch jungen Blätter, welche vor der Blüte gesammelt werden. Diese sind grundständig an langen Stielen, die Fiederblättchen sind oval bis lanzettlich.

Sauerampfer (Rumex acetosa)

Das ausdauernde, oft bis zu 1 Meter hohe Kraut hat eine sehr tief gehende Wurzel. Aus dem Wurzelstock kommen mehrere Stengel und Blätter hervor. Die Blätter haben lange Stiele und sind spieß- oder pfeilförmig. Man findet diese Pflanze auf feuchten Wiesen, Fettwiesen, Grasstellen, in Wäldern, an Wegrändern und in Böschungen. Die sauren Blätter sind vom ersten Frühjahr bis zum späten Herbst als Suppengemüse zu gebrauchen.

Sauerampfer ist von rheuma- und arthroseanfälligen Menschen zu meiden!

Wildgemüse

Die vielen als Wildgemüse verwendeten Wildkräuter bieten uns durch ihren herben, oft eigenartigen Geschmack einen hohen gesundheitlichen Wert und eine willkommene Abwechslung in der Küche, besonders in den gemüsearmen Jahreszeiten.

Nach eigenem Geschmack und durch Erfahrung wird jeder seine eigene Kräutermischung finden. Es ist sehr zu empfehlen, möglichst viele verschiedene Wildkräuter zu mischen und mit Gartenspinat zusammen zuzubereiten.

Sammelzeit: März / April

Beinwell/Wallwurz (Symphytum officinale)

Die bis zu 1 Meter hohe Pflanze hat einen dicken, saftigen, außen schwarzen und innen weißen schleimigen Wurzelstock. Die breit-lanzettlichen Blätter sind rauh behaart, die glockenförmigen honighaltigen Blüten sind hell- bis dunkelviolett. Sie wächst vorwiegend im Flachland, auf feuchten Wiesen, in Gräben, an Feld- und Waldrändern sowie an Bachufern.

Die jungen Sprossen und Blätter geben einer Wildgemüsemischung eine besondere Note.

Breitwegerich (Plantago major)

Aus einer Blattrosette mit großen, ganzrandigen Blättern mit deutlich hervortretender Nervatur erhebt sich der Blütenstiel mit den kleinen, ovalen Samen. Diese anspruchslose Pflanze finden wir auf trockenen, sogar festgetretenen Böden in tiefen Lagen bis auf eine Höhe von 2000 Metern. Die jungen Blätter werden als feines Blattgemüse in Mischungen verwendet.

Der etwas bitterere Spitzwegerich *(Plantago lanceolata)* kann ebenfalls verwendet werden.

Brennessel (siehe auch Suppen)

Die jungen Blätter werden wie Spinat gekocht oder dem Gartenspinat beigefügt.

Frauenmantel (Alchemilla vulgaris)

Eine mehrjährige Pflanze mit Wurzelstock, aus dem eine Blattrosette wächst. Der daraus sprießende Stengel wird bis zu 40 Zentimeter hoch. Die fast kreisförmigen Blätter bestehen aus 7-11 gerundeten Lappen. Der Blattrand ist gezähnt. Bei der Verwendung als Wildgemüse sind die jungen Blätter ohne Stiele lange zu kochen. Der Geschmack ist herb.

Guter Heinrich (Chenopodium bonus-henricus)

Diese Pflanze wird auch als wilder Spinat bezeichnet, denn sie wurde früher oft im Garten als Spinat gepflanzt. Guter Heinrich gedeiht überall in der Umgebung von Siedlungen, an Häusern, Straßenrändern und vor allem in den Bergen um jede Sennhütte herum. Die herzförmigen Blätter sind mehlig bestäubt und geben zusammen mit anderen Wildgemüsepflanzen ein ausgezeichnetes Wildgemüse.

Hopfen (Humulus lupulus)

In vielen Gegenden wird der Hopfen in großen Mengen für die Bierfabrikation angebaut. Man findet ihn aber auch häufig wild wachsend in Hecken, Gebüschen und an Bachufern. Die im Frühjahr gesammelten jungen Hopfensprossen können wie Spargel zubereitet werden.

Huflattich (Tussilago farfara)

Schon bei den ersten Sonnenstrahlen, kaum ist der Schnee geschmolzen, recken an Weg- und Ackerrändern, auf lehmigem Boden, in Kiesgruben, die gelben Blüten des Huflattich ihre Köpfchen. Erst wenn diese Blüten verwelkt sind, erscheinen die herzförmigen, am Rand gezähnten eckigen Blätter. Die Blattoberseite ist glänzend grün, die Unterseite weiß-filzig. Die jungen Blätter haben einen angenehmen, nußartigen Geschmack.

Kohldistel (Cirsium oleraceum)

Die bis zu 1,5 Meter hohe Pflanze hat große, meist fiederteilige und mit weichen Stacheln besetzte Blätter. Die gelbgrünen Blütenköpfe sind von Hochblättern so fest umschlossen, daß sie kaum sichtbar sind. Sie liebt feuchte Böden und wächst sehr gesellig an Bachufern, in Gräben und auf feuchten Wiesen, in tiefen Lagen wie in Berggegenden. Die jungen Blätter und Triebe eignen sich gut für Wildgemüsemischungen.

Löwenzahn (siehe auch Salate)

Blätter, Wurzeln und ganz besonders die Stengel geben ein herrlich mundendes Gemüse.

Lungenkraut (Pulmonaria officinalis)

Im Frühjahr drängt dieses Kraut ans Licht und nutzt die ihm zugemessene Zeitspanne bis zur Belaubung der Waldbäume. Das Lungenkraut liebt vor allem die Standorte in Buchen- und Laubmischwäldern. Die dunkelgrünen Blätter sind rauhhaarig und haben oft weiße Flecken. Meistens finden wir rote und blauviolette Blüten auf demselben Pflanzenstiel. Die jungen Blätter sind schwach aromatisch und gut in Wildgemüsemischungen und in Salaten.

Melde (Atriplex patula u. hastata)

Auf Schuttstellen, Bauplätzen aber auch im Garten kommt diese Pflanze so massenhaft vor, daß man sie fast als lästig empfindet. Die unteren Blätter sind spießförmig und weit auseinandergespreizt, die oberen sind lanzettlich. Die jungen Blätter stehen dem Gartenspinat in bezug auf den Geschmack in keiner Weise nach.

Rapunzel (siehe auch Salate)

Für Wildgemüse eignen sich die Blätter und die Wurzeln.

Schlangenknöterich/Wiesenknöterich (Polygonum bistorta)

Aus einer schlangenförmigen, daumendicken Wurzel wächst ein einfacher, harter Stengel mit Knoten. Am Ende trägt er eine walzenförmige, rosa gefärbte Scheinähre. Die Blätter sind länglich-oval bis lanzettlich. Wir finden dieses Kraut vor allem auf feuchten Bergwiesen. Die jungen Blätter und die Sprossen werden vor der Blüte gesammelt. Als Gemüse zubereitet hat es einen Geschmack wie Spinat.

Wiesenbocksbart (Tragopogon orientalis)

Die manchmal über einen halben Meter hohe Pflanze in Wiesen und an Wegrändern fällt auf durch die grasartigen, schmalen, langen Blätter und ihre schönen, großen gelben Blüten. Der kahle Stengel ist fleischig, glatt und von blaugrüner Farbe. Gesammelt und für Wildgemüse verwendet werden die jungen Blätter, die Stengel vor der Blüte und ganz speziell die Knospen.

Wildbeeren/Wildfrüchte

Viele Wildbeeren und Wildfrüchte finden Verwendung in der Küche für Süßspeisen, Marmeladen, Kompott sowie zur Likör- und Weinherstellung.

Hagebutte/Heckenrose (Rosa canina)

Die weichschaligen Früchte ergeben ein herrlich aromatisches Mus oder eine feine Marmelade. Sie eignen sich aber auch für Fruchtsuppen und zur Likör- und Weinherstellung.

Hagebutte/Kartoffelrose (Rosa rugosa)

Als feinsäuerliche Zugabe zu Aperitifs oder als Nachtisch. Zu letzterem Zweck werden die oberen Hälften der Früchte mit den Kelchresten abgeschnitten, die Kerne entfernt und die unteren Hälften mit einer Kräuter-Quark-Mischung oder süßer Creme gefüllt. Die Deckel wieder aufsetzen und so servieren. Die gekochten Früchte eignen sich für Marmelade oder als Kompott.

Heidelbeere (Vaccinium myrtillus)

Die kleinen blauen Früchte roh, gezuckert, mit Milch oder Schlagsahne servieren. Als Milchmixgetränk, Quarkspeise oder als Tortenbelag. Gekocht für Marmelade, Kompott oder für Heidelbeercreme.

Holunder, Roter (Sambucus racemosa)

Von diesen Früchten darf nur der Saft zu Sirup oder Gelee verarbeitet werden. Die Kerne sind giftig.

Holunder, Schwarzer (Sambucus nigrum)

Verwendet werden die frischen Blüten für Limonaden, Sirup und Holunderküchlein. Die frisch gepflückten blauen Beeren werden zu Mus, Marmeladen, Gelee oder Sirup verarbeitet.

Sanddorn (Hippophae rhamnoides)

Roh und gekocht für Sirup, Marmelade, Fruchtsuppe, Creme- oder Quarkspeise.

Schlehdorn/Schwarzdorn (Prunus spinosa)
Der Saft der Beeren für Sirup, Gelee, Elixier, in Essig und zur Wein- und Likörherstellung.

Vogelbeere/Eberesche (Sorbus aucuparia)
Der Saft ist sehr herb und bitter. Zur Likörherstellung.

Wacholder (Juniperus communis)
Die kleinen blauen Scheinfrüchte als Würzmittel in Beizen, zum Einlegen von Fleisch und Fisch. Zur Schnaps- (Gin-) und Likörherstellung.

Walderdbeere (Fragaria vesca)
Junge Blätter für Suppen und Salate. Die kleinen roten Früchte roh oder gekocht für Torten, Quarkspeisen, Eis, Milchmixgetränke oder Kompott. Die frisch gepflückten Beeren ergeben eine herrlich erfrischende Erdbeerbowle.

Weißdorn (Crataegus laevigata u. monogyna)
Diese Früchte sind mehlig und haben einen herb-bitterlichen Geschmack. Sie eignen sich, mit Äpfeln gekocht, für Marmelade.

Wilde Gewürzpflanzen
Diese Kräuter können frisch oder getrocknet den geeigneten Speisen zugegeben werden. Man erreicht damit einen besonderen, würzigen Geschmack. Sie sollen, wie jedes Gewürz, fein dosiert verwendet werden.

Beifuß (Artemisia vulgaris)
Zu Wild und fettreichen Gänse- und Entenbraten, zu Kartoffelsuppe und zu Kohlgemüse.

Gundelrebe (siehe auch Suppen)
Zu Käse-, Fleisch- und Fischgerichten, in Quark und Kräuterbutter.

Kümmel (Carum varvi)
Die Kümmelfrüchte als Zugabe zu blähenden Speisen wie Kohlgemüse. Zur Herstellung von Kümmelbranntwein. Blätter und Wurzeln ergeben ein herrlich aromatisches Gemüse.

Minze/verschiedene Arten (Mentha piperita, crispa u.a.)
Zu Lammfleisch, Fisch, in Quark oder als Salatwürze.

Waldmeister (Galium odoratum)
Für Quark, Salatsaucen, aber auch für Sorbets und Bowlen.

Wilder Majoran/Dost (Origanum vulgare)
Zu Fleisch-, Fisch- und Käsegerichten und für Pizza. Besonders geeignet zu Gänse- und Entenbraten, für Kartoffelsuppe.

Wilder Thymian/Quendel (siehe auch Suppen)
Gut für Braten, Steaks, Würste, Wildgerichte, Käse- und Kartoffelgerichte.

Wildgemüse – Frischsäfte

Wer aus irgendwelchen Gründen keinen oder nicht viel Wildsalat essen kann oder will, kann mit etwas mehr Arbeitsaufwand doch etwas für seine Gesundheit tun. Aus den gesammelten Wildkräutern läßt sich ein meist aromatischer Frischsaft pressen. Zu diesem Zweck werden die hierfür vorbereiteten Pflanzen gut gewaschen. Entweder im Mixer zusammen mit wenig Wasser fein mixen, oder die Kräuter durch den Wolf drehen und den erhaltenen Kräuterbrei durch ein feines Sieb drücken.

Den erhaltenen Saft in kleinen Mengen mit Wasser verdünnt trinken oder einer geeigneten Speise beimischen.

Der richtige Umgang mit Heilpflanzen

Sammeln und behandeln der Heilpflanzen

Der Weg von der Heilpflanze am richtigen Standort bis zur gebrauchsfertigen Tee-Droge ist auch für den „Hausgebrauch" nicht ganz einfach. Zum erfolgreichen Sammeln und für die weiteren Arbeitsgänge sind einige Regeln und Grundkenntnisse notwendig, um die Qualität der Drogen und auch den Naturschutz zu gewährleisten.

Selbst wilde Kräuter sammeln

Ist es sinnvoll, uns auf das Sammeln von wilden Pflanzen zu spezialisieren? Sicher nicht, wenn wir dies kommerziell oder im großen Stil betreiben wollen. Dazu bieten sich in Deutschland, Österreich und der Schweiz und generell in Mitteleuropa zu wenig Gelegenheiten, und der Aufwand wäre zu groß. Die Landwirtschaftsgebiete unserer Länder sind so intensiv genutzt, daß praktisch der ganze Boden überdüngt ist. Die meisten Heilpflanzen brauchen jedoch Magerboden, der in unseren Regionen eine Seltenheit geworden ist. Trotzdem bleiben uns an ungedüngten Bachufern, Waldrändern, in vielen Berggebieten unserer Voralpen und Alpen und vielleicht auch im eigenen Kräutergarten genügend Möglichkeiten, um für den Hausgebrauch ausgewählte Heilpflanzen zu ernten.

Wo finden wir unser Sammelgut?

Auf unseren Wanderungen werden wir feststellen, daß wir an steinigen Orten, in Moorgebieten, in Berglandschaften mit Schiefer, Kalk oder Granit ganz verschiedene Pflanzen und Heilkräuter finden. Je besser wir die Pflanzen und unsere Wandergebiete kennenlernen, um so gezielter ist ein gelegentliches Kräutersammeln möglich. Wichtig soll nicht die große „Ausbeute" sein, sondern die Freude und Erfahrung mit den Heilkräften der Natur. Diese Freude und innere Ruhe können wir mit den entsprechenden „Schwingungen" auf die Heilpflanzen und die daraus erhaltenen Drogen übertragen.

Pflanzen bestimmen

Der Erfolg beginnt mit guter Vorbereitung. Die Auswahl an Literatur und Rucksack-Literatur zum Bestimmen der Pflanzen ist sehr groß. Verwechslungen können wir uns nicht leisten. Wenn wir uns im Selbststudium, in Kursen und auf Wanderungen ständig mit der Natur befassen, wissen wir auch wo und zu welcher Jahreszeit wir unsere Heilpflanzen finden können. Es darf nicht die Absicht sein, eine möglichst bunte und sinnlos zusammengestellte Alpenblumenmischung heimzubringen. Pflanzen sammeln ist „Präzisionsarbeit". Wir sammeln gezielt und nur genau bestimmte Pflanzen bzw. Pflanzenteile.

Naturschutz und Vorschriften

Menschen, die sich mit Naturheilkunde befassen und sich diesbezüglich weiterbilden wollen, sollten sich auch mit dem Schutz der Natur befassen. Wir dürfen die Natur nutzen, aber nicht ausbeuten. In allen Ländern gibt es heute Naturschutzgebiete, in denen jedes Sammeln von Pflanzen oder Pflanzenteilen, ob für einen Blumenstrauß oder für die Heilpflanzennutzung, absolut untersagt ist. Aber auch außerhalb unserer Naturschutzgebiete gibt es gesetzlich geschützte, bedrohte Pflanzen, die nicht oder nur beschränkt gesammelt werden dürfen. Der Naturschutz ist in unseren Ländern staatlich geregelt. Wenn wir einmal darauf achten, finden wir an allen Bergstationen und öffentlichen Anschlagebrettern die farbigen Tafeln mit den geschützten Pflanzen. Die Behörden, Abteilungen für Naturschutz, teilweise auch Gemeinden oder Vereine geben gerne Listen mit den genauen Vorschriften weiter.

Neben den Gesetzen müssen wir aber auch gewisse Anstandsregeln gegenüber Bauern, Sennen oder Pächtern achten, d.h. wir sammeln nur dort, wo wir in der Natur oder in landwirtschaftlichem Nutzland keinen Schaden anrichten, oder fragen vorher um Erlaubnis.

Um den Fortbestand einer Pflanzenart zu gewährleisten, sammeln wir nur solche Pflanzen, die in genügender Menge vorkommen, und lassen am entsprechenden Standort der Natur eine möglichst große Anzahl intakter Pflanzen für deren Weitervermehrung zurück.

Als Spezialisten der Naturheilkunde liegt uns auch der Naturschutz am Herzen. Darum sind wir von sogenannten „Überlebenswochen", während denen ganze Menschengruppen einige Tage lang versuchen, sich ausschließlich von Wildgemüsen und Wurzeln zu ernähren, nicht sehr begeistert. Denn dies bedeutet Raubbau an der Natur.

Mit dem Sammeln von Wurzeln, Wurzelstöcken oder Zwiebeln vernichten wir die Pflanze und tragen zur Ausrottung der entsprechenden Pflanzenart bei. Darum sollten wir in den allermeisten Fällen auf das Sammeln von Wurzeln vollkommen verzichten.

Wenn wir uns der Verantwortung gegenüber der Natur bewußt sind, profitieren wir davon selbst am meisten.

Beste Erntezeiten

Das Klima, die Wetterverhältnisse, die Sonne, zum Teil der Mond bestimmen die besten Erntezeiten, d.h. den besten Zeitpunkt, zu dem unser Sammelgut den optimalen Wirkstoffgehalt aufweist.

Bei aufgehender Sonne steigen die Säfte und Kräfte der Pflanzen in die oberirdischen Teile, in die Blätter und Blüten, und gegen Abend ziehen sich die Kräfte wieder in die Wurzeln zurück. Dieses Phänomen können wir selbst beobachten, nämlich bei denjenigen Blüten, die sich bei Regenwetter gar nicht öffnen oder sich bei Tag und Nacht und entsprechender Witterung öffnen und schließen. Somit erklärt sich die beste Sammelzeit für oberirdische Pflanzenteile selbst: bei einigermaßen schönem Wetter, niemals bei Regenwetter, und nach Sonnenaufgang, sobald sich der Tau von den Pflanzen gelöst hat, bis in die frühen Nachmittagsstunden.

Brauchen wir von einer Pflanze nur die Blätter, sammeln wir diese, bevor sich die Blüten entwickelt haben und somit noch mehr Kraft in den Blättern bleibt. Brauchen wir jedoch die Blüten, so sammeln wir diese, sobald sich die Blüten entfaltet haben, in jedem Fall bevor sie verblüht sind. Sammeln wir das ganze Kraut, ist die ideale Zeit gleich nachdem sich die ersten Blüten der Pflanze entwickelt haben. Sammeln wir in Ausnahmefällen unterirdische Pflanzenteile, d.h. Wurzeln oder Zwiebeln, so geschieht dies am besten im Frühjahr, bevor sich die oberirdischen Pflanzenteile voll entwickelt haben und somit noch mehr Kraft in den Wurzeln vorhanden ist, oder dann im Herbst, wenn sich die Pflanze wieder in die unterirdischen Teile zurückzieht und Nährstoffe für den Winter speichert.

Wo dies möglich ist und mit den entsprechenden Vegetationsphasen der Pflanzen übereinstimmt, sammeln wir die oberirdischen Pflanzenteile bei aufgehendem Mond, meiden jedoch 2-3 Tage um die Vollmondzeit, da während dieser Tage viele Pflanzen etwas „entkräftet" sind. Eine weitere Spitzfindigkeit wäre das Beachten von astrologischen Konstellationen, wie wir dies im Zusammenhang mit den Wirkstoffen bereits angesprochen haben. Wir sind damit einverstanden, daß es sinnvoll sein kann, beim Säen nicht nur Mondphasen, sondern eben die genannten Konstellationen zu beachten, um möglichst starke und gesunde Pflanzen zu erhalten. Da jedoch die Vegetationsphasen der Pflanzen je nach Witterungsverhältnissen, Höhenlage, Besonnung ganz verschieden sein können, möchten wir diese „astrologische Spitzfindigkeit" beim Ernten wirklich nur den Spezialisten der Astrologie überlassen.

Noch ein Wort zur gesunden Vernunft: Möchten Sie z.B. gegen Abend und dazu noch bei Regenwetter einen frischen Tee mit Melisse aus Ihrem Kräutergarten anbrühen, so tun Sie dies ruhig, auch wenn die Pflanze in Ihrem Garten nicht zum geeignetsten Zeitpunkt mit optimalem Wirkstoffgehalt gesammelt werden kann. Beachten Sie aber die Vorschriften der Natur möglichst genau, wenn es darum geht, Pflanzen in größerer Menge oder zum Trocknen zu sammeln.

Sammeln, trocknen, schneiden

Ein Korb oder Sack aus Baumwolle oder Leinen, allenfalls ein Papiersack, sind die geeignetsten Behältnisse, um Sammelgut heimzubringen. Plastiksäcke oder Kunststoffbehälter eignen sich höchstens für Beeren, dies auch nur für ganz kurze Zeit. Blechdosen sollten völlig gemieden werden, da der Kontakt mit Metall auf längere Zeit dem Sammelgut schaden kann.

Gesammelt werden grundsätzlich nur gesunde Pflanzenteile, die auch frei von Pilzbefall und Läusen sind.

Blätter und Blüten können wir von Hand pflücken; ganze oberirdische Teile, d.h. ganze Kräuter, sollten wir niemals ausreißen, sondern mit einem Messer oder einer Schere abschneiden, um die Wurzel der Pflanze nicht zu zerstören.

Erde, Gräser und andere Fremdstoffe werden gleich nach dem Pflücken entfernt. Pflanzen, die sich in der Natur meiden, sollten auch in geerntetem Zustand separat aufbewahrt werden. Da wir unsere gesammelten Drogen ohnehin nicht an staubigen Orten oder staubigen Straßen sammeln, müssen diese meist nicht gewaschen werden, es sei denn, sie seien z. B. mit Blütenstaub bedeckt. Wurzeln, d.h. unterirdische Pflanzenteile, müssen wir jedoch waschen, d.h. die Erde entfernen.

Traditionelles Trocknen von Pflanzen unter einem durchlüfteten, schattigen Vordach.

Wollen wir unser Sammelgut frisch zu Kräutertees, Tinkturen oder Ölen verarbeiten, soll dies innerhalb weniger Stunden geschehen, bevor die Pflanzenteile welk sind.

Das Trocknen ist eine natürliche Konservierung, wobei der Wassergehalt allmählich verschwindet. Damit werden die biologischen Vorgänge stillgelegt, und es können sich auch keine Pilze oder Bakterien mehr entwickeln.

Das Trocknen geschieht in jedem Fall an einem schattigen, jedoch gut durchlüfteten Ort. Blätter oder ganze Kräuter werden in ganzem Zustand getrocknet, d.h. die ganzen Kräuter werden aufgehängt oder die geernteten Blätter oder Blüten auf einem Leintuch oder nichtbedrucktem Papier ausgebreitet. Wurzeln werden zum Trocknen in noch frischem Zustand aufgeschnitten, d.h. halbiert. Wenn nötig können wir die Drogen während des Trocknungsvorgangs mit einer Gaze vor Insekten (Spinnen, Fliegen etc.) schützen.

Ein idealer Trocknungszustand ist dann erreicht, wenn das Sammelgut nicht vollkommen brüchig ist, d.h. noch einen Wassergehalt von ungefähr 5-10 % aufweist. Nun können wir unsere Drogen so zerschneiden, daß wir für die Lagerung und Teezubereitung eine ideale Schnittgröße erreichen.

Mit einem feinen Sieb können wir die trockenen Drogen noch von etwaigen Käfern etc. separieren. Stiele, die wir als Droge nicht brauchen, werden von Hand verlesen und entfernt.

Richtiges Lagern

Drogen sollten lichtgeschützt aufbewahrt werden, da Licht oder gar Sonnenbestrahlung den Wirkstoffgehalt beeinträchtigt.

Am besten lagern wir unsere Drogen in Holzdosen, Gefäßen aus Porzellan oder Glas, Kartonschachteln aus nichtbehandeltem Karton oder Leinen- und Papiersäcken. Blechdosen sind absolut ungeeignet, da Metall die Wirkstoffe ebenfalls beeinträchtigen kann. Eine korrekte Lagerung hat selbstverständlich einen großen Einfluß auf die Lagerfähigkeit, d.h. die Zeit, in der eine optimale Qualität der Drogen erhalten bleibt. Drogen, die ätherische Öle enthalten, d.h. die Drogen, die beim Zerreiben zwischen zwei Fingern stark riechen, sollten wir nach 1-2 Jahren ersetzen. Etwas zähere Blätter, Hölzer und Wurzeln können wir 2-3 Jahre lagern. Drogen, in denen sich Insekten eingenistet haben oder die schimmlig wurden, sofort wegwerfen!

Der Kräuterraum der historischen Drogerie im Schweizerischen Freilichtmuseum Ballenberg.

Gefahren beim Sammeln von Heilpflanzen

Daß wir zum Sammeln von Heilpflanzen keine waghalsigen Touren unternehmen, sollte selbstverständlich sein. Je mehr wir uns aber auf die einzelnen Pflanzen oder das Beerensammeln konzentrieren, desto weniger achten wir auf Insekten, z. B. Bienen und Wespen. Darum ist es ratsam, mit einer kleinen Wander-Apotheke vorzusorgen (z. B. Omidalin-Tinktur).

Natürlich gibt es auch in der Natur ideale Heilmittel gegen Mücken-, Bienen- und Wespenstiche. Ein solches Heilmittel bieten uns die überall vorhandenen Wegericharten, allen voran der Breit- oder Spitzwegerich. 1-2 solcher Blätter werden mit den Fingern zerquetscht und auf den Einstichort stark eingerieben. Dieser Vorgang sollte ungefähr alle 10 Minuten wiederholt werden, dann stellt sich eine baldige Linderung ein. Eine noch intensivere Wirkung wird erreicht, wenn wir aus den zerquetschten Wegerichblättern am Einstichort eine Kompresse auflegen.

Aus Pressemeldungen der letzten Jahre haben wir alle gehört, daß auch eine Infektion mit dem Fuchsbandwurm, speziell beim Beerensuchen, möglich sei. Oft wird in diesem Zusammenhang sogar vor dem Beerensuchen gewarnt.

Das Schweizerische Bundesamt für Gesundheit in Bern hat sich mit diesem Problem in den letzten Jahren sehr stark auseinandergesetzt. Von dort haben wir folgenden Bericht erhalten: *„In Mitteleuropa sind tatsächlich etwa ein Drittel bis ein Zweitel aller Füchse vom Fuchsbandwurm befallen. In der Schweiz infizieren sich jährlich 3-5 Menschen mit diesem gefürchteten Fuchsbandwurm, d.h. also weniger als ein Fall pro Mio. Einwohner. In Deutschland und Österreich dürfte diese Zahl keinesfalls höher sein. Daß die Übertragung des Fuchsbandwurmes über Waldbeeren, wie z. B. Heidelbeeren, erfolgt, ist eine spekulative Annahme, jedoch keineswegs erwiesen. Die Fuchsbandwurm-Eier sind leicht wie Staub und fast mikroskopisch klein und werden auch mit dem Wind weitergetragen. Es gibt also unendlich viele Möglichkeiten, etwas zu essen, das vom Fuchsbandwurm-Ei befallen ist. Wie Sie sehen, ist also Panik oder übertriebene Angst überhaupt nicht angebracht."*

Als sinnvolle Vorsichtsmaßnahme können wir die gesammelten Beeren, speziell Heidelbeeren, die wir ja in Bodennähe sammeln, vor dem Genießen waschen.

Die Heilpflanzentherapie – Phytotherapie

Selbstmedikation

Selbstmedikation bedeutet die Einnahme von Heilmitteln oder Medikamenten nach eigener Wahl und auf eigene Verantwortung, meist ohne die Konsultation von Fachleuten.

Dazu sind längst nicht alle Medikamente und Naturheilmittel geeignet. Für eine sinnvolle Selbstmedikation sind auf jeden Fall Grundkenntnisse in Heilpflanzenkunde notwendig, die wir Ihnen in diesem Buch als Einführung in die Naturheilkunde vermitteln möchten. Ferner sollten Vernunft und Verantwortung eine Selbstverständlichkeit sein!

Zur sinnvollen Selbstmedikation gehören Erfahrung, Selbstvertrauen, Selbstverantwortung sowie auch Eigenverantwortung für unseren Körper und unsere Gesundheit. Wie weit jeder Mensch bei der Selbstmedikation gehen kann bzw. gehen will, liegt somit in der Verantwortung jedes einzelnen. Was in früheren Generationen an Wissen über erste Hilfe und die Anwendung von Naturheilmitteln meist von der Mutter auf die Tochter übertragen wurde, muß heute vielfach wieder über Bücher, Erfahrungsaustausch oder Kurse neu erworben werden.

So ist es jedem Menschen selbst überlassen, ob er sich mit seiner eigenen Gesundheit intensiv und seriös auseinandersetzen will oder seine Gesundheit bzw. die Erhaltung seiner Gesundheit gedankenlos delegieren will.

Bei der Anwendung von Heiltees oder anderen Naturheilmitteln sollte es eine Selbstverständlichkeit sein, auch unsere Lebensweise mit einzubeziehen. Eine gesunde Lebensweise, insbesondere eine natürliche Ernährung ist die beste Medizin und unterstützt die Wirkung eines Naturheilmittels ganz enorm!

Nach diesen vorwiegend theoretischen Einführungen in die Welt der Heilpflanzen wenden wir uns nun in den nächsten Kapiteln der praktischen Anwendung von Heilpflanzen zu.

Phytotherapie – die praktische Anwendung von Heilpflanzen

Das Wort **„Phyto"** stammt aus dem Griechischen und heißt Pflanze. Somit handelt es sich hier um die Anwendungsmöglichkeiten von Heilpflanzen zur Erhaltung der Gesundheit oder als natürliche Heilmittel.

Die Möglichkeiten, diese Heilkräfte der Natur zu nutzen, sind äußerst vielfältig. Sie reichen vom Kauen eines Kräutleins aus dem Kräutergarten über den Kräutertee, Tinkturen, Einreibemittel, Salben, Bäder, Kompressen, Waschungen bis zu den Räuchermitteln.

Wirkungsweise der Heilpflanzen

Die Drogen wirken durch Aufnahme (Resorption) der Wirkstoffe und ganzheitlichen Wirkstoffkombinationen über unseren Stoffwechsel, über das Geschmacks- und Geruchsempfinden sowie durch Aufnahme über die Haut. Dadurch werden Organe, Organgruppen und Körperfunktionen beeinflußt, angeregt, beruhigt, gestärkt, oder es wird generell ein Heilungsprozeß beschleunigt oder angeregt.

Die wissenschaftlich noch zu wenig erforschten feinstofflichen „Energiefelder", „Schwingungen" oder „Bio-Informationen" (es gibt noch keine einheitliche Benennung all dieser Kräfte) sowie auch die Farben wirken eher auf unseren feinstofflichen Körper oder die Seelenzustände des Menschen. Auch auf diese Weise, vielleicht sogar durch intensives Betrachten von Pflanzen in der Natur, können die natürlichen Heilkräfte angeregt werden.

Im Rezeptteil dieses Buches befassen wir uns dann intensiv mit den sogenannten Kräutertees (Aufgüsse, Abkochungen etc.), die wir auch als Bäder, Waschungen oder Kompressen anwenden können.

Der Kräutertee

Der Kamillentee – ein beliebter Heiltee.

Da der sogenannte Kräutertee in der westlichen Zivilisation wohl eine der verbreitetsten Anwendungen der Heilpflanzen bedeutet und für die angesprochene Selbstmedikation ideale Möglichkeiten bietet, befassen wir uns hier ausführlich mit Heil- und Genußtees.

Schwach wirkende Drogen, wie z.B. Hagebutten, Lindenblüten, Verveine, Melisse, Pfefferminze u.v.m., eignen sich in vernünftigen Mengen als Genußtees, gesunde Durstlöscher, die zusätzlich natürlich auch eine bedeutende Heilwirkung haben können.

Drogen aus dem mittelstarken Wirkungsbereich eignen sich als Medizinaltees mit gezielter Heilwirkung.

Starkwirkende oder gar giftige Drogen eignen sich keinesfalls als Medizinaltees, sondern nur als genau dosierte Heilpflanzenpräparate, meist im Bereich der Homöopathie oder Spagyrik oder in Ausnahmefällen für eine äußerliche Anwendung.

Die Tees lassen sich aus einzelnen Drogen (in der Fachsprache „Monodroge" genannt) oder Drogenmischungen herstellen. Um die Drogen sinnvoll zu mischen, braucht es etwas Kenntnis und Erfahrung. Die Drogen sollen sich in ihrer Wirkung ergänzen und natürlich keineswegs aufheben. Die nötige Praxis dazu bietet Ihnen der Rezeptteil dieses Buches.

Da die Heilpflanzen meistens als getrocknete Drogen im Handel erhältlich sind und sich so auch gut aufbewahren lassen, werden wir die meisten Tees – ob als einzelne Droge oder als Gemisch – aus getrockneten Drogen herstellen. Für einen Kräutertee aus gartenfrischen Drogen müssen wir darauf achten, daß wir die frische Ware, mit einem noch hohen Wasseranteil, entsprechend höher dosieren als die getrockneten Drogen.

Dosierung

Überdosieren ist immer falsch, schwach dosieren ist immer richtig.

Die richtige Dosierung ist ein so wichtiges Detail in der Naturheilkunde, daß wir uns hier noch etwas näher damit befassen: Es liegt in der Natur des Menschen, daß wir, besonders im Bereich der Heilmittel, sehr gerne übertreiben und uns dadurch eine bessere oder schnellere Wirkung erhoffen. Ganz besonders gilt dies für die Naturheilmittel. Hier hört man allzu oft die Äußerung: „Es sind ja nur Pflanzen, da muß man reichlich dosieren, sonst ist überhaupt keine Wirkung möglich." Ganz sicher stimmt diese Auffassung nicht! Meist gilt sogar das Gegenteil, so daß wir durch eine Überdosierung eine unerwünschte, oft der Heilung entgegengesetzte Wirkung erreichen. So wirkt z. B. ein schwach, aber richtig dosierter Kamillentee, 2 bis maximal 3 Blüten pro Tasse, entzündungswidrig, entkrampfend, magen- und darmberuhigend, und der überdosierte Kamillentee erregt (speziell bei Kleinkindern) oft augenblicklich Brechreiz oder führt gar zu Erbrechen. In ähnlicher Weise wirkt ein schwachdosierter Tee aus Orangenblüten als beruhigende Einschlafhilfe, ein überdosierter Orangenblütentee wirkt anregend. Damit bestätigt sich die Regel für alle Naturheilmittel, daß **Überdosieren immer falsch, Schwachdosieren jedoch niemals falsch, also richtig ist**.

Als durchschnittlich richtige Dosierung für einen wirksamen Kräutertee als Genuß- oder Medizinaltee gilt: pro Tasse einen Teelöffel oder die Menge, die wir mit zwei Fingern fassen können.

Bei Kräutertees geht es darum, mit dem Lösungsmittel Wasser möglichst alle Wirkstoffe aus unseren Drogen zu extrahieren. Je nach Beschaffenheit dieser Drogen gibt es gemäß der folgenden Tabelle die verschiedensten Zubereitungsarten.

Tee richtig zubereiten

A **Mit kochendem Wasser übergießen und 5-10 Minuten ziehen lassen, dann absieben.**
Dies gilt für Drogen mit einem hohen Gehalt an ätherischen Ölen, welche sich beim Erhitzen sehr schnell verflüchtigen. Eine Prüfung, ob unsere Drogen zu dieser Wirkstoff-Gruppe gehören, ist das Zerreiben zwischen zwei Fingern: Entwickelt sich dabei ein merkbarer Geruch, handelt es sich um sogenannte ätherische Öle. Beim Kochen würden diese mit dem Wasserdampf entweichen (Beispiel: Melisse, Lavendelblüten, Pfefferminze, Verveine etc.).

B **Kurz (1-3 Minuten) aufkochen und 5 Minuten ziehen lassen, dann absieben.**
Dies gilt für zähere Drogen mit schwerer löslichen Wirkstoffen und einem zäheren Zellgewebe (Beispiel: Birkenblätter, Himbeerblätter etc.).

C **Kalt ansetzen (einige Stunden oder über Nacht), dann einige Minuten leicht kochen, 5 Minuten ziehen lassen und absieben.**
Dies gilt für sehr zähe Drogen, wie Hölzer, Wurzeln, fleischige Früchte mit harten Samen (Beispiel: Hagebutten mit Samen, Süßholz).

D **Kalt ansetzen (einige Stunden), dann absieben und schluckweise trinken.**
Dies gilt für Drogen, bei welchen wir die Schleimstoffe als mildes Abführmittel lösen wollen (Beispiel: Leinsamen).

Bei **Drogenmischungen** richtet man sich bei der Zubereitung nach den wichtigsten Bestandteilen der Mischung.

Vom Gebrauch eines sogenannten **Tee-Eies** raten wir Ihnen dringend ab. Wenn man ein Tee-Ei mit getrockneten Drogen

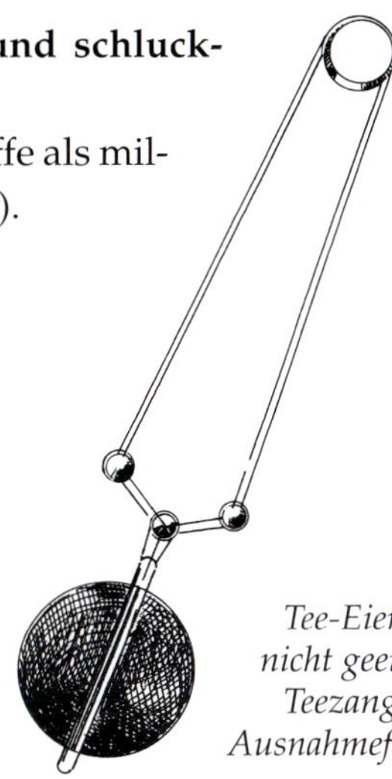

Tee-Eier sind nicht geeignet, Teezangen in Ausnahmefällen.

Teetasse mit idealem Siebeinsatz.

füllt und ins heiße Wasser gibt, wird das Wasser von den Drogen schwammähnlich aufgesogen, und diese quellen dabei auf. Dadurch werden von innen alle Poren verschlossen, so daß ein weiterer Austausch von Wirkstoffen mit dem Lösungsmittel Wasser nicht mehr möglich ist.

Beim Gebrauch einer **Kräutertasse** sollten Sie darauf achten, daß der Siebeinsatz mit möglichst großen Poren versehen ist.

Genuß- und Kräutertees können problemlos auch in größeren Mengen aufgebrüht werden. So können wir unseren Tagesbedarf ideal in einer Thermoskanne aufbewahren. Allerdings sollten wir einen Medizinaltee nicht mehr aufwärmen, da sich die Wirkstoffe dabei ungünstig verändern können.

Tee-Drogen sollten fein geschnitten sein. Wacholderbeeren, Kümmel, Fenchel und Anis müssen zur Teebereitung zerstoßen werden, da sich sonst die Wirkstoffe nicht lösen.

Medizinaltee wird nicht gesüßt

Es ist allgemein bekannt, daß Industriezukker für unsere Gesundheit sehr nachteilig ist. Zudem können Zucker, auch künstliche Süßstoffe, die Wirkung eines Medizinaltees nachteilig beeinflussen. Da ein Medizinaltee bereits durch unser Geschmacksempfinden eine Heilwirkung auslösen kann, sollten wir aus diesem Grunde

Zucker ist zu meiden. Honig nur in kleinen Mengen und nur für Genußtees verwenden.

den Geschmack eines Medizinaltees niemals verändern oder „verbessern“ . Empfinden wir z. B. einen Magentee oder einen Leber-/Galletee als zu bitter, bedeutet dies meistens, daß wir unser Heilmittel zu stark dosiert haben.

Reine Genußtees als Durstlöscher können wir allenfalls mit ganz wenig gesunden Süßmitteln, wie mit wenig Honig oder Birnendicksaft, geschmacklich etwas verändern.

Richtiges Teetrinken

Medizinaltees sind Naturheilmittel, die wir je nach gewünschter Wirkung als Kur (mehrwöchige Kurdauer) oder zur gezielten Anwendung nur kurze Zeit einnehmen sollten. Auch beim Trinken der Tees machen wir einen Unterschied zwischen einem Genußtee als Durstlöscher und einem Medizinaltee. Letzterer wird langsam, schluckweise getrunken, um bereits eine Wirkung auf unser Geschmacksempfinden zu ermöglichen. Sicher ist es ratsam, sich von Fachleuten beraten zu lassen, wie lange eine Medizinaltee-Kur dauern sollte. Beachten Sie dazu auch unsere Hinweise bei den einzelnen Rezepten.

Ein abwechselndes Medizinaltee-Trinken, an einem Tag für die Leber, am anderen Tag für den Kreislauf, dann gegen Rheuma etc., ist für unsere Gesundheit meistens eher nachteilig. Wir sollten die Medizinaltees dann gezielt trinken, wenn wir diese brauchen.

Rezepte und Indikationen

Die Auswahl an Heilpflanzen bzw. Drogen ist fast unendlich groß, und es gibt in der Naturheilkunde verschiedenste Möglichkeiten, Krankheiten oder Leiden zu lindern und zu heilen.

Nicht alle Heilpflanzen eignen sich für Tees, sondern eher zur Herstellung von Tinkturen oder Extrakten. Dies hängt vorwiegend von der Löslichkeit der darin enthaltenen Wirkstoffe und der Beschaffenheit der Drogen ab.

Zudem haben von alters her Kräuter-Spezialistinnen und -Spezialisten immer zu gewissen Heilpflanzen besondere Beziehungen oder Sympathien, die dann auch die Rezepturen prägen.

So sind die nachfolgenden Rezepturen sicher richtig und erprobt, jedoch nicht „alleinrichtig“. Die Mischungen basieren auf Erfahrung, wissenschaftlichen Erkenntnissen und ganzheitlichem Denken. Wir empfehlen Ihnen dabei, die Rezepturen möglichst genau zu mischen und die richtigen Zubereitungsarten zu befolgen. Achten Sie auch auf die Hinweise, ob es sich bei den Tees um begleitende Therapien oder Alleintherapien handelt, und beachten Sie die Dauer der Therapie.

In Fachbüchern, wie auch nachfolgend, werden die **Mengenverhältnisse** immer in Gewichtsverhältnissen (Gramm) angegeben. Mit etwas Erfahrung, wenn die Verhältnisse von eher leichten Blüten gegenüber schweren Wurzeln beachtet werden, kann für den Hausgebrauch auch mit „Prisen“ gemischt werden.

Das **Mischen** von Drogen soll idealerweise in Holz-, Steingut- oder Plastikgefäßen, nicht in Metallgefäßen erfolgen.

Die nachfolgenden (bereits auf Seite 63 ausführlich erklärten) **Zubereitungsarten** sollen eine optimale Extraktion der Wirkstoffe ermöglichen:

A **Mit kochendem Wasser übergießen und 5-10 Minuten ziehen lassen, dann absieben.**

B **Kurz (1-3 Minuten) aufkochen und 5 Minuten ziehen lassen, dann absieben.**

C **Kalt ansetzen (1/2-3 Stunden oder über Nacht), dann einige Minuten leicht kochen, 5 Minuten ziehen lassen und absieben.**

D **Kalt ansetzen (einige Stunden oder über Nacht), dann absieben.**

Kräutertees sollen **ohne Zucker** und **ohne künstliche Süßstoffe frisch zubereitet** und **nicht aufgewärmt** werden. In einer Thermoskanne sind Kräutertees bis zu 12 Stunden haltbar. Genußtees können allenfalls mit etwas Honig oder Birnendicksaft gesüßt werden.

Genußtees

Diese Mischungen sind ideale Durststiller für die ganze Familie, sind allgemein gesundheitsfördernd und haben eine sanfte Wirkung für gezielte Indikationen. Sie eignen sich zur Anwendung über längere Zeit in vernünftigen Mengen. Empfehlenswert ist eine häufige Abwechslung der Teesorten. Genußtees dürfen niemals stark wirkende Medizinaldrogen enthalten!

Abendtee

► Für einen guten Schlaf, leicht beruhigend

30 g Melissenblätter, Zitronenmelisse *(Melissa officinalis)*
20 g Lavendelblüten *(Lavandula officinalis)*
20 g Verveine, „Wohlriechendes Eisenkraut" *(Aloysia triphylla)*
10 g Orangenblüten *(Citrus aurantium)*
10 g Schlüsselblumen *(Primula veris)*
5 g Goldmelissenblüten *(Monarda didyma)*
5 g Kamillenblüten *(Chamomilla recutita)*

Zubereitung A

Blümchentee

▶ Ein „wohltuender" Tee, leicht entspannend für den Abend

50 g Lindenblüten, geschnitten (*Tilia cordata* u.a.)
10 g Karkade *(Hibiscus sabdariffa)*
10 g Lavendelblüten *(Lavandula officinalis)*
10 g Rosenknospen *(Rosa – diverse Arten)*
5 g Gänseblümchen *(Bellis perennis)*
5 g Katzenpfötchen *(Helichrysum stoechas)*
5 g Kornblumen *(Centaurea cyanus)*
5 g Ringelblumen *(Calendula officinalis)*

Zubereitung A

Christmas-Tea / „Weihnachtstee"

▶ Für kalte Winterabende, kann mit Honig und Rotwein gemischt werden

20 g Apfelschalen *(Pirus malus)*
20 g Heidelbeeren *(Vaccinum myrtillus)*
20 g Orangenschalen *(Citrus aurantium)*
20 g Zimt, geschnitten *(Cinnamomum verum)*
10 g Sternanis, geschnitten *(Illicium verum)*
5 g Hagebuttenschalen *(Rosa canina)*
5 g Karkade *(Hibiscus sabdariffa)*

Zubereitung C

Erfrischungstee und Eistee

▶ Kräutertee für warme Sommertage

20 g Lindenblüten, geschnitten (*Tilia cordata* u.a.)
20 g Melisse, Zitronenmelisse *(Melissa officinalis)*
20 g Pfefferminze *(Mentha piperita)*
20 g Verveine *(Aloysia triphylla)*
10 g Karkade *(Hibiscus sabdariffa)*

5 g Waldmeister *(Galium odoratum)*
5 g Zimt *(Cinnamonum verum)*

Zubereitung A

Familientee

▶ Der Durstlöscher für die ganze Familie

50 g Verveine, „Wohlriechendes Eisenkraut“ *(Aloysia triphylla)*
20 g Himbeerblätter *(Rubus idaeus)*
20 g Pfefferminze *(Mentha piperita)*
5 g Karkade *(Hibiscus sabdariffa)*
5 g Ringelblumen *(Calendula officinalis)*

Zubereitung A

Fitneßtee

▶ Warm oder kalt, ein ideales Getränk für Sport und Wanderungen

25 g Heidelbeeren *(Vaccinum myrtillus)*
20 g Melisse, Zitronenmelisse *(Melissa officinalis)*
20 g Pfefferminze *(Mentha piperita)*
10 g Brombeerblätter *(Rubus fruticosus)*
10 g Himbeerblätter *(Rubus idaeus)*
10 g Karkade *(Hibiscus sabdariffa)*
5 g Isländisch Moos *(Lichen islandicus)*

Zubereitung B

Frühstückstee

▶ Ideales Getränk zum Frühstück

40 g Brombeerblätter *(Rubus fruticosus)*
30 g Erdbeerblätter *(Fragaria vesca)*
30 g Himbeerblätter *(Rubus idaeus)*

Zubereitung B

Großmutters Kräutertee

▶ Ein Rezept aus Großmutters Kräutergarten

30 g Pfefferminze *(Mentha piperita)*
20 g Himbeerblätter *(Rubus idaeus)*
20 g Melisse, Zitronenmelisse *(Melissa officinalis)*
10 g Thymian (Quendel) *(Thymus serphyllum)*
10 g Waldmeister *(Galium odoratum)*
5 g Rosenblüten *(Rosa* – diverse Arten)
5 g Ringelblumen *(Calendula officinalis)*

Zubereitung A

Kindertee

▶ Kalt oder warm getrunken, ein gesunder Durstlöscher

30 g Lindenblüten, geschnitten *(Tilia cordata* u.a.)
30 g Pfefferminzblätter *(Mentha piperita)*
20 g Melissenblätter, Zitronenmelisse *(Melissa officinalis)*
10 g Fenchelfrüchte, zerstoßen *(Foeniculum vulgare)*
5 g Goldmelissenblüten *(Monarda didyma)*
5 g Kamillenblüten *(Chamomilla recutita)*

Zubereitung A

Kleinkindertee

▶ Für Kinder nach dem Säuglingsalter

60 g Lindenblüten, geschnitten *(Tilia cordata* u.a.)
10 g Anisfrüchte, zerstoßen *(Pimpinella anisum)*
10 g Fenchelfrüchte, zerstoßen *(Foeniculum vulgare)*
10 g Melissenblätter, Zitronenmelisse *(Melissa officinalis)*
5 g Gänseblümchen *(Bellis perennis)*
5 g Kamillenblüten *(Chamomilla recutita)*

Zubereitung A

Liebes- und Gutelaunetee

30 g Johanniskraut *(Hypericum perforatum)*
20 g Bohnenkraut *(Satureja montana* u. *hortensis)*
20 g Melissenblätter *(Melissa officinalis)*
20 g Verveine, „Wohlriechendes Eisenkraut“ *(Aloysia triphylla)*
10 g Basilikum *(Ocimum basilicum)*

Zubereitung A

Sommertee

▶ Idealer Durstlöscher, warm oder kalt, für die ganze Familie

30 g Brombeerblätter *(Rubus fruticosus)*
20 g Lindenblüten *(Tilia cordata* u.a.)
20 g Melissenblätter *(Melissa officinalis)*
20 g Pfefferminzblätter *(Mentha piperita)*
10 g Verveine, „Wohlriechendes Eisenkraut“ *(Aloysia triphylla)*

Zubereitung A

Wintertee

▶ Vitaminreicher Durststiller

20 g Apfelschalen *(Pirus malus)*
20 g Hagebuttenschalen *(Rosa canina)*
20 g Heidelbeeren, zerstoßen *(Vaccinium myrtillus)*
20 g Lindenblüten *(Tilia cordata* u.a.)
10 g Sanddornbeeren, zerstoßen *(Hippophae rhamnoides)*
5 g Feldthymian, Quendel *(Thymus serphyllum)*
5 g Zimtrinde *(Cinnamomum verum)*

Zubereitung C

Grüner Tee – Die Teepflanze

Die Teepflanze ist bezüglich Geschichte, Kultur und Heilwirkungen eine der faszinierendsten Heilpflanzen. Dieser Königin der Heilpflanzen sei an dieser Stelle, zusammen mit den Grüntee-Rezepten, ein eigenes Kapitel sinnvoll zwischen den Genuß- und Medizinaltees gewidmet.

Aus den ältesten chinesischen Schriften geht hervor, daß der Tee in China bereits im Jahre 2700 vor unserer Zeitrechnung als Heilmittel genutzt wurde.

Botanischer Name: ***Camellia sinensis***

Heimat: China / Darjeelin / Assam

Kultiviert in: China / Indien / Japan / Indonesien / Taiwan / Südamerika etc.
Die Teepflanze braucht tropisches oder subtropisches Regenwaldklima. Sie ist ein immergrüner Strauch oder Baum, der unter idealen Bedingungen über 9 Meter Höhe erreichen kann.
Um günstigere Erntebedingungen zu erreichen, werden die Bäume strauchartig kultiviert.

Teedroge: Das grüne getrocknete Blatt als Grüner Tee. Das fermentierte und oxidierte Blatt als Schwarztee.

Hauptwirkstoffe: Gerbstoffverbindungen (Catechine, Epigallocatechine und Epigallocatechinegallate), Koffein, viele Spurenelemente, Vitamine A, B_2, B_{12}, C, E, P, Eisen, Kupfer etc.

Eigenschaften: Durch den Prozeß der Schwarztee-Produktion werden die meisten Wirkstoffe, mit Ausnahme des Koffeins, zerstört. Die wichtigen heilenden Eigenschaften beziehen sich darum nur auf den Grünen Tee.

Die anregende Wirkung des Koffeins gilt für den Schwarztee sowie für den Grünen Tee. Der Schwarztee ist ein anregendes, reines Genußmittel und der Grüne Tee ein äußerst wertvoller Genuß- und Heiltee.

Älteste Überlieferungen, jahrhundertelange Erfahrungen und neue wissenschaftliche Studien bestätigen die folgenden, vielseitigen und sensationellen Heilwirkungen des Grünen Tees:

- Linderung bei Magen- und Darmproblemen
- Herabsetzung des Blutcholesterinspiegels
- Stärkung der Blutgefäße
- sehr günstige Beeinflussung von Herz und Kreislauf
- vorbeugend gegen und heilungsfördernd bei Arteriosklerose
- entzündungshemmende Wirkungen
- günstige Beeinflussung zur Normalisierung der Schilddrüsenfunktion
- fördert die Durchblutung und Regeneration der Haut
- erhöht ganz speziell die geistige Leistungsfähigkeit und in einem gewissen Sinne auch die körperlichen Leistungen
- wirkt gegen depressive Stimmungen
- begünstigt die Heilung von Lebererkrankungen
- hat bei längerer Einnahme antirheumatische Wirkungen
- harntreibende, entgiftende Wirkung

- wirkt der Bildung von Nieren- und Gallensteinen entgegen
- verhindert Karies wegen des idealen Fluorgehaltes
- Wirkung als Antioxidans
- ein ausgezeichneter Spender von Eisen, Fluor, wichtigen Spurenelementen und Vitaminen
- nach neuesten Forschungen eines japanischen Forschungsteams, unter der Leitung von Dr.med. Hirota Fujiki, eine erwiesene prophylaktische Wirkung gegen Krebs

Die anregende Wirkung des Tees

Diese beruht auf dem Alkaloid Koffein, das im Teeblatt an Gerbstoffe gebunden ist. Da Koffein im heißen Wasser gut löslich ist, wird im Aufguß in den ersten 1-2 Minuten fast die gesamte vorhandene Menge Koffein ohne die Gerbstoffe gelöst. Beim längeren Ziehenlassen, nach etwa 4-8 Minuten, lösen sich allmählich auch die Gerbstoffe sowie die vielen weiteren Wirkstoffe des Tees. Die Gerbstoffe haben u.a. die Eigenschaft, die Resorption (Aufnahme) des Koffeins in Magen und Darm teilweise zu verhindern oder zu verzögern. Somit ist ein Teeaufguß, den man 1-2 Minuten ziehen läßt, ein sehr anregendes Getränk mit hohem Koffeingehalt. Ein länger angesetzter Aufguß ist zwar im Aroma viel kräftiger, jedoch wirkt das darin enthaltene Koffein schwächer bzw. verzögert.

Die Koffeinmenge kann reduziert werden, indem die für die Teebereitung vorgesehene Menge Teekraut mit wenig kochendem Wasser übergossen und nach einer halben Minute wieder abgesiebt wird. Eine weitere Möglichkeit bieten schwach koffeinhaltige Teesorten.

Im Vergleich zum Kaffee wirkt der Tee anregend auf die Gehirnfunktionen und der Kaffee anregend auf den Herzkreislauf. Der Kaffee verursacht neben anderen nachteiligen Wirkungen eine erhebliche Erhöhung des Fettsäureanteils im Blut, indem er den Abbau der Fettsäuren verhindert. Der Tee – und ganz speziell der Grüne Tee – hat sogar eine antiarteriosklerotische Wirkung und hilft, den Cholesterinspiegel des Blutes zu senken.

Der Name Tee

Mit dem Teeimport von Asien nach Europa wurde der Name „Tee“ auch für unsere Kräuteraufgüsse übernommen. Aus dem Kräuteraufguß wurde dann in unserem Sprachbereich die heute allgemein gebräuchliche Bezeichnung „Kräutertee“.

Hinweis:
Alles Wissenswerte über den Grünen Tee vermittelt Ihnen das Buch „Der Grüne Tee“ von Peter Oppliger, ebenfalls im Midena-Verlag erschienen.

Die bekannteste Grüntee-Sorte aus China

Gun Powder

Der typische, bekannteste Grüntee aus China, zu schrotähnlichen Kügelchen „gerollt“.

Die bekanntesten Grüntee-Sorten aus Japan

Japan produziert traditionsgemäß seit 800 Jahren nur Grüntee, mit größter Auswahl in höchster und feinster Qualität.

Sencha

Der Sencha-Tee ist die meistgetrunkene Teesorte in Japan, für den täglichen Gebrauch. Es sind meist feine Qualitäten mit mild-herbem Geschmack und heller Farbe.

Gyokuro

Dieser Name bedeutet „Edle Tautropfen“. Gyokuro-Tee ist die beste, teuerste Teesorte aus den weichsten und zartesten, im Schatten gewachsenen Blättern.

Bancha

Auch „Drei-Jahres-Tee“ genannt – gilt als Teesorte von speziell herber Qualität, da die Blätter bei der Ernte mindestens einjährig sind. Der Vorteil des Bancha-Tees ist der sehr niedrige Koffein- und hohe Eisengehalt.

Einige Grüntee-Rezepte

Green Tea on the Rocks

▶ Die Alternative für alkoholische Drinks

frisch angegossener Grüntee
Eiswürfel

1. Eiswürfel in Gläser füllen.
2. Den frisch angegossenen Grüntee absieben und in Gläser gießen.

Familien-Eistee

▶ Das ideale Sommergetränk, leicht anregend (nicht für Kleinkinder!)

1 l Wasser
5-6 gestrichene TL Grüntee oder koffeinarmer Bancha-Grüntee (weniger anregend)
1/2 Zimtstange
1-2 TL Honig
1 TL Zitronensaft
einige Tropfen Angostura-Bitter

1. Grünen Tee zusammen mit der etwas zerkleinerten Zimtstange mit dem Wasser angießen. Ziehen lassen und absieben.
2. Solange der Tee noch warm ist, Honig, Zitronensaft und Angostura-Bitter darunterrühren. Den Tee im Kühlschrank kalt stellen.
3. Zum Servieren den Eistee mit einem Pfefferminz- oder Melissenblatt dekorieren.

Grüner Tee für Sportler

▶ Ein anregender Durststiller mit natürlichen Vitaminen und Spurenelementen – fördert die Motivation und Ausdauer

1 l Wasser
5-6 gestrichene TL Grüntee oder der koffeinarme Bancha-Grüntee

1-2 TL Honig
einige Tropfen Zitronensaft

1. Nach Belieben Grüntee oder Bancha-Tee mit dem Wasser angießen. Ziehen lassen und absieben.
2. Solange der Tee noch warm ist, Honig und Zitronensaft darunterrühren.
3. Den Tee für ein warmes Getränk in eine Thermosflasche, für ein kaltes Getränk in eine Feldflasche füllen.

Gewürztee

▶ Der Winter-Grüntee für gemütliche Abende

100 g Jasmin-Tee oder der koffeinarme Bancha-Grüntee
3-4 cm Zimtstange
2 Nelkenköpfchen
2-3 cm Vanilleschote, klein geschnitten
Honig und Angostura-Bitter

1. Zimtstange, Nelken und Vanillestückchen im Mörser zerstoßen. Mit den Jasmintee- oder Bancha-Teeblättern mischen. Diese Mischung läßt sich gut einige Monate aufbewahren.
2. Für 1 Liter Tee nimmt man 5-6 gestrichene Teelöffel der Mischung und gießt sie mit 1 Liter Wasser an. Ziehen lassen und absieben.
3. Jede Tasse Tee mit 1 Messerspitze Honig und 2-3 Tropfen Angostura-Bitter abschmecken.

Medizinaltees / Heiltees

Medizinaltees sind Drogenmischungen aus teilweise stark wirkenden Heilpflanzen, die sich nicht als Genußtees eignen. Medizinaltees sollen nur dann angewendet werden, wenn dafür ein eindeutiges Bedürfnis bzw. eine Indikation besteht. Eine Zusammenarbeit mit einem Arzt oder einer Fachperson ist ratsam.

Die Mischungen sind so zusammengestellt, daß eine ganzheitliche Therapie erreicht wird.

Abwehrkräfte und Immunsystem stärken/Erschöpfung

▶ Während der Rekonvaleszenz, bei schneller Ermüdung, bei Mangel an Lebensfreude

25 g Ginsengwurzeln *(Panax ginseng)*
25 g Ingwerwurzeln *(Zingiber officinale)*
20 g Engelwurz *(Angelica archangelica)*
20 g Zimtrinde *(Cinnamomum verum)*
10 g Bitterklee, Fieberklee *(Menyanthes trifoliata)*

Zubereitung B

Augenbrennen/Augenentzündung

▶ Ermüdungserscheinung oder Vorstufe einer Augenbindehautentzündung

Kräutermischung für ein Augenbad:
30 g Augentrostkraut *(Euphrasia officinalis)*
20 g Stiefmütterchenkraut *(Viola tricolor)*
15 g Fenchelfrüchte *(Foeniculum vulgare)*
15 g Weinrautekraut *(Ruta graveolens)*
10 g Kornblumenblüten *(Centaurea cyanus)*
10 g Ringelblumenblüten *(Calendula officinalis)*

Zubereitung: 1 Teelöffel dieser Mischung mit 1 Tasse Wasser leicht kochen, absieben und täglich mehrmals lauwarm die Augen baden.

Bettnässen

▶ Unbewußter Harnabgang im Schlaf

20 g Eichenrinde *(Quercus robur)*
20 g Krappwurzel *(Rubia tinctorum)*
15 g Flohsamen *(Plantago psyllium)*
15 g Johanniskraut *(Hypericum perforatum)*

15 g Quecke, Schließgraswurzeln *(Agropyrum repens)*
15 g Schafgarbenkraut mit Blüten *(Achillea millefolium)*

Zubereitung C

Blasenleiden/Blasenentzündung/Erkrankung der Harnwege

▶ Starker Harndrang, oft schmerzhaftes Brennen beim Harnlassen

20 g Attichwurzeln *(Sambucus ebulus)*
20 g Petersilienfrüchte *(Petroselinum sativum)*
20 g Quecke, Schließgraswurzeln *(Agropyrum repens)*
20 g Zinnkraut *(Equisetum arvense)*
10 g Birkenblätter *(Betula alba)*
10 g Ehrenpreiskraut *(Veronica officinalis)*

Gleiche Indikation, jedoch mit **Schmerzen**
dem Grundrezept beifügen:
10 g Bärlappkraut *(Lycopodium clavatum)*
10 g Nelkenwurzkraut *(Geum urbanum)*

Gleiche Indikation, jedoch mit **Krämpfen**
dem Grundrezept beifügen:
10 g Bruchkraut, Harnkraut *(Herniaria glabra)*
10 g Guajakholz *(Guajacum officinalis)*
10 g Khellafrüchte *(Ammi visnaga)*

Zubereitung B

Blasensteine/Blasengrieß

▶ Druck in der Blasengegend, oft mit Koliken, Blutspuren im Urin, Harndrang mit Schmerzen

20 g Heidekraut *(Erica vulgaris)*
20 g Sandkraut, Rotes *(Arenaria lappa)*
20 g Spargelwurzeln *(Asparagus officinalis)*

15 g Goldrutenkraut *(Solidago virga aurea)*
15 g Hauhechelwurzeln *(Ononis spinosa)*
10 g Khellafrüchte *(Ammi visnaga)*

Zubereitung C

Blutarmut/Neigung zu Bleichsucht

▶ Kalte Hände und Füße, Müdigkeit, Atemnot

30 g Bockshornkleesamen *(Trigonella foenum graecum)*
30 g Hagebutte *(Rosa canina)*
25 g Schafgarbenkraut mit Blüten *(Achillea millefolium)*
15 g Tausengüldenkraut *(Erythraea centaurium)*

Zubereitung C

Bluterguß/schmerzhafte Schwellung

▶ Meist mit Hautverfärbung

Kräutermischung für Umschläge:
30 g Arnikablüten *(Arnica montana)*
20 g Hamamelisblätter *(Hamamelis virginiana)*
20 g Parakressekraut *(Spilanthes oleracea)*
20 g Steinkleekraut *(Melilotus officinalis)*
10 g Johanniskraut *(Hypericum perforatum)*

Zubereitung: 2 Eßlöffel auf 1/2 Liter Wasser 5 Minuten leicht kochen, 10 Minuten ziehen lassen. Kühle Umschläge mehrmals täglich.

Bluthochdruck

▶ Zur Unterstützung ärztlicher Therapien

20 g Olivenblätter *(Olea europaea)*
20 g Weißdornblätter mit Blüten *(Crataegus oxyacantha)*

15 g Bärlauchkraut *(Allium ursinum)*
15 g Johanniskraut *(Hypericum perforatum)*
15 g Mauerpfefferkraut *(Sedum acre)*
15 g Mistel *(Viscum album)*

Zubereitung B

Blutniederdruck

▶ Zur Unterstützung ärztlicher Therapien

25 g Löwenschwanzkraut *(Leonurus cardiaca)*
20 g Königin der Nachtblüten *(Cactus grandiflorus)*
20 g Melissenblätter *(Melissa officinalis)*
20 g Rosmarinblätter *(Rosmarinus officinalis)*
15 g Khellafrüchte *(Ammi visnaga)*

Zubereitung B

Blutstillung

▶ Zur Unterstützung ärztlicher Therapien, bei inneren und äußeren Blutungen

20 g Buchweizenkraut *(Fagopyrum esculentum)*
15 g Hamamelisblätter *(Hamamelis virginiana)*
15 g Hirtentäschelkraut *(Capsella bursa pastoris)*
15 g Tormentillwurzeln *(Potentilla tormentilla)*
15 g Vogelknöterichkraut *(Polygonum aviculare)*
10 g Storchenschnabelkraut *(Geranium robertianum)*
10 g Zinnkraut *(Equisetum arvense)*

Zubereitung B

Bronchialhusten

▶ Zur Unterstützung bei Erkältungshusten, Reizhusten, Entzündung der Atemwege, der Luftröhre und der Bronchien

15 g Eibischwurzeln *(Althaea officinalis)*
15 g Süßholz *(Glycyrrhiza glabra)*
10 g Alantwurzeln *(Inula helenium)*
10 g Ehrenpreiskraut *(Veronica officinalis)*
10 g Frauenhaarblätter *(Adiantum capillus veneris)*
10 g Hohlzahnkraut *(Galeopsis segetum)*
10 g Huflattichblätter *(Tussilago farfara)*
10 g Myrtenblätter *(Myrtus communis)*
10 g Wollblumen, Königskerzenblüten *(Verbascum thapsiforme)*

Zubereitung B

Cholesterinprobleme

▶ Unterstützt Therapien zur Senkung des Cholesterinspiegels

20 g Kalmuswurzeln (*Acorus calamus)*
20 g Labkraut *(Galium verum)*
15 g Bohnenkraut *(Satureja hortensis)*
15 g Löwenzahnkraut *(Taraxacum officinale)*
10 g Fenchelfrüchte *(Foeniculum vulgare)*
10 g Pfefferminzblätter *(Mentha piperita)*
10 g Wermutkraut *(Artemisia absinthium)*

Zubereitung B

Darmentzündung/Darmkatarrh

▶ Vor allem im Dünndarm, wässrige, übelriechende Durchfälle, auch Erbrechen und Fieber

20 g Schafgarbenkraut mit Blüten *(Achillea millefolium)*
15 g Fenchelfrüchte *(Foeniculum vulgare)*

15 g Gänsefingerkraut, Anserine *(Potentilla anserina)*
15 g Kamillenblüten *(Chamomilla recutita)*
15 g Schlangenknöterichwurzeln *(Polygonum bistorta)*
10 g Bärlauchkraut *(Allium ursinum)*
10 g Enzianwurzeln *(Gentiana lutea)*

Zubereitung B

Darmschmerzen/Darmkrämpfe

► Krampfartige Schmerzen im Darmtrakt, oft mit Übelkeit und Schweißausbrüchen

20 g Fenchelfrüchte *(Foeniculum vulgare)*
15 g Gänsefingerkraut, Anserine *(Potentilla anserina)*
15 g Bohnenkraut *(Satureja hortensis)*
15 g Pfefferminzblätter *(Mentha piperita)*
15 g Sternanis *(Illicium verum)*
10 g Mariendistelfrüchte *(Carduus Marianus)*
10 g Tausendgüldenkraut *(Erythraea centaurium)*

Zubereitung B

Durchfall

► Ungeformter, oft flüssiger Stuhl, häufiger Drang zur Darmentleerung

25 g Blutweiderichkraut *(Lythrum salicaria)*
20 g Grüntee *(Camellia sinensis)*
15 g Krauseminzblätter *(Mentha crispa)*
15 g Nelkenwurzwurzeln *(Geum urbanum)*
15 g Odermennigkraut *(Agrimonia eupatoria)*
10 g Löwenzahnkraut *(Taraxacum officinale)*

Zubereitung B

Gleiche Indikation, jedoch mit **Brechreiz**
dem Grundrezept beifügen:
10 g Isländisch Moos *(Cetraria islandica)*
10 g Tormentillwurzeln *(Potentilla tormentilla)*

Zubereitung C

Entschlackung/Blutreinigung

▶ Abgang von Stoffwechselschlacken und körperfremden Substanzen

20 g Wegwartewurzeln *(Cichorium intybus)*
15 g Birkenblätter *(Betula alba)*
15 g Erdrauchkraut *(Fumaria officinalis)*
15 g Löwenzahnwurzeln *(Taraxacum officinale)*
15 g Wacholderbeeren *(Juniperus communis)*
10 g Gänseblümchen *(Bellis perennis)*
10 g Maisgriffel *(Zea mays)*

Gleiche Indikation, jedoch nach längerer **Medikamententherapie** sowie bei **Saft-** und **Fastenkuren**
15 g Löwenzahnwurzeln *(Taraxacum officinale)*
15 g Stiefmütterchenkraut *(Viola tricolor)*
10 g Birkenblätter *(Betula alba)*
10 g Brennesselblätter *(Urtica dioica)*
10 g Brunnenkressekraut *(Nasturtium officinale)*
10 g Erdrauchkraut *(Fumaria officinalis)*
10 g Fenchelfrüchte *(Foeniculum vulgare)*
10 g Sarsaparillawurzeln *(Sarsaparilla, Smilax officinalis)*
10 g Wegwartewurzeln *(Cichorium intybus)*

Zubereitung B

Entspannung

▶ Bei nervlichen Spannungszuständen

30 g Melissenblätter *(Melissa officinalis)*
25 g Passionsblumenkraut *(Passiflora incarnata)*
15 g Pestwurz *(Petasites officinalis)*
10 g Hopfen *(Humulus lupulus)*
10 g Lavendelblüten *(Lavandula officinalis)*
10 g Orangenblüten *(Citrus aurantium)*

Zubereitung B

Gleiche Indikation
Kräutermischung für ein Entspannungsbad:
40 g Melissenblätter *(Melissa officinalis)*
20 g Lavendelblüten *(Lavandula officinalis)*
20 g Orangenblüten *(Citrus aurantium)*
20 g Waldmeisterkraut *(Galium odoratum)*

Zubereitung: 2 Handvoll mit 1 Liter kochendem Wasser übergießen, 10 Minuten ziehen lassen, dann absieben und die Flüssigkeit dem Badewasser zufügen.

Erkältung

▶ Katarrhalische Erkrankung der oberen Atemwege

20 g Echinaceae, Sonnenhutwurzeln *(Echinacea angustifolia)*
20 g Kapuzinerkressekraut *(Tropaeolum majus)*
15 g Holunderblüten *(Sambucus nigra)*
15 g Melissenblätter *(Melissa officinalis)*
15 g Stechpalmenblätter *(Ilex aquifolium)*
15 g Thymianblätter *(Thymus vulgaris)*

Zubereitung A

Gleiche Indikation

Kräutermischung für ein Erkältungsbad:

30 g Eukalyptusblätter *(Eucalyptus globulus)*
30 g Fichtennadeln *(Pinus silvestris)*
20 g Pfefferminzblätter *(Mentha piperita)*
20 g Thymianblätter *(Thymus vulgaris)*

Zubereitung: 2 Handvoll mit 1 Liter kochendem Wasser übergießen, 10 Minuten ziehen lassen, dann absieben und die Flüssigkeit dem Badewasser zufügen.

Ermüdung/Erschöpfung

Kräutermischung für ein Bad:

30 g Kalmuswurzeln *(Acorus calami)*
30 g Wacholdernadeln *(Juniperus communis)*
25 g Rosmarinblätter *(Rosmarinus officinalis)*
15 g Bohnenkraut *(Satureja hortensis)*

Zubereitung: 2 Handvoll der Mischung mit 1 Liter Wasser 10 Minuten kochen, absieben und die Flüssigkeit dem Badewasser zufügen.

Fieber

20 g Stechpalmenblätter *(Ilex aquifolium)*
15 g Echinaceae, Sonnenhutwurzeln *(Echinacea angustifolia)*
15 g Goldrutenkraut *(Solidago virga aurea)*
15 g Holunderblüten *(Sambucus nigra)*
15 g Weidenrinde *(Salix alba)*
10 g Fieberklee, Bitterkleeblätter *(Menyanthes trifoliata)*
10 g Wiesengeißbart, Spierstaudenblüten *(Filipendula ulmaria)*

Zubereitung B

Frauenkrankheiten

▶ Zur Kräftigung der Unterleibsorgane

Grundrezept:
20 g Johanniskraut *(Hypericum perforatum)*
20 g Schafgarbenkraut mit Blüten *(Achillea millefolium)*
15 g Fenchelfrüchte *(Foeniculum vulgare)*
15 g Frauenmantelkraut *(Alchemilla vulgaris)*
15 g Kamillenblüten *(Chamomilla recutita)*
15 g Taubnesselblüten *(Lamium album)*

Zubereitung A

Gleiche Indikation, jedoch bei **Monatsbeschwerden** dem Grundrezept beifügen:
10 g Gänsefingerkraut, Anserine *(Potentilla anserina)*
10 g Melissenblätter *(Melissa officinalis)*
10 g Pestwurz *(Petasites officinalis)*

Gleiche Indikation, jedoch bei **starker Monatsblutung** dem Grundrezept beifügen:
10 g Hirtentäschelkraut *(Capsella bursa pastoris)*
10 g Wiesenknopfkraut *(Sanguisorba officinalis)*
10 g Zinnkraut *(Equisetum arvense)*

Gleiche Indikation, jedoch bei **Wechseljahrbeschwerden:**
20 g Löwenschwanzkraut *(Leonurus cardiaca)*
15 g Johanniskraut *(Hypericum perforatum)*
15 g Passionsblumenkraut *(Passiflora incarnata)*
15 g Schafgarbenkraut mit Blüten *(Achillea millefolium)*
15 g Weißdornblätter mit Blüten *(Crataegus oxyacantha)*
10 g Rosmarinblätter *(Rosmarinus officinalis)*
10 g Salbeiblätter *(Salvia officinalis)*

Zubereitung B

Gleiche Indikation, jedoch bei **Weißfluß:**
20 g Frauenmantelkraut *(Alchemilla vulgaris)*
20 g Kamillenblüten *(Chamomilla recutita)*
15 g Engelwurz *(Angelica archangelica)*
15 g Salbeiblätter *(Salvia officinalis)*
10 g Feldthymiankraut *(Thymus serpyllum)*
10 g Hirtentäschelkraut *(Capsella bursa pastoris)*
10 g Taubnesselkraut *(Lamium album)*

Zubereitung B

Gallenblase

▶ Anregend auf Gallensekretion, bei Gallenblasenentzündung

20 g Schafgarbenkraut mit Blüten *(Achillea millefolium)*
15 g Erdrauchkraut *(Fumaria officinalis)*
15 g Kamillenblüten *(Chamomilla recutita)*
15 g Kardobenediktenkraut *(Cnicus benedictus)*
15 g Pfefferminzblätter *(Mentha piperita)*
10 g Ringelblumenblüten *(Calendula officinalis)*
10 g Wermutkraut *(Artemisia absinthium)*

Zubereitung A

Gleiche Indikation, jedoch bei **Gallensteinen, Gallenkolik** dem Grundrezept beifügen:
10 g Berberitzenrinde *(Berberis vulgaris)*
10 g Boldoblätter *(Peomus boldus)*
10 g Faulbaumrinde *(Frangula alnus)*

Zubereitung B

Gedächtnisschwäche/Konzentrationsmangel

20 g Ginkgoblätter *(Ginkgo biloba)*
20 g Ginsengwurzeln *(Panax ginseng)*

20 g Immergrünkraut *(Vinca minor)*
15 g Rosmarinblätter *(Rosmarinus officinalis)*
15 g Taigawurzeln *(Eleutherococcus senticosus)*
10 g Melissenblätter *(Melissa officinalis)*

Zubereitung **B**

Gicht

▶ Gichtknoten an Zehen und Fingern, starke Schmerzen und angeschwollene Gelenke

15 g Bärlappkraut *(Lycopodium clavatum)*
15 g Geißfuß, Baumtropfenkraut *(Aegopodium podagraria)*
15 g Löwenzahnwurzeln (*Taraxacum officinale*)
15 g Teufelskrallenwurzeln *(Harpagophytum procumbens)*
10 g Bitterklee, Fieberkleeblätter *(Menyanthes trifoliata)*
10 g Bittersüß *(Solanum dulcamare)*
10 g Buchsbaumblätter *(Bucco, Barosma betolina)*
10 g Quecke, Schließgraswurzeln *(Agropyron repens)*

Zubereitung **C**

Grippe

▶ Fieberhafte Erkrankung

20 g Weidenrinde *(Salix alba)*
15 g Echinaceae, Sonnenhutwurzeln *(Echinacea angustifolia)*
15 g Eukalyptusblätter *(Eucalyptus globulus)*
15 g Goldrutenkraut *(Solidago virga aurea)*
15 g Wasserdostkraut *(Eupatorium cannabium)*
10 g Haferstroh *(Avena sativa)*
10 g Lindenblüten *(Tilia cordata, Tilia platyphyllos)*

Zubereitung **B**

Halsschmerzen

▶ 20 g Bibernellenwurzeln *(Pimpinella saxifraga)*
20 g Salbeiblätter *(Salvia officinalis)*
15 g Carrageen *(Carrageen)*
15 g Echinaceae, Sonnenhutwurzeln *(Echinacea angustifolia)*
10 g Ringelblumenblüten *(Calendula officinalis)*
10 g Süßholz *(Glycyrrhiza glabra)*
10 g Thymianblätter *(Thymus vulgaris)*

Zubereitung C

Hämorrhoiden

▶ Knotenförmige Erweiterung der Venengeflechte um den After

15 g Fenchelfrüchte *(Foeniculum vulgare)*
15 g Gundelrebe, Gundermannkraut *(Glechoma hederaceum)*
15 g Hamamelisblätter *(Hamamelis virginiana)*
15 g Pestwurz *(Petasites officinalis)*
10 g Hirtentäschelkraut *(Capsella bursa pastoris)*
10 g Kalmuswurzeln *(Acorus calamus)*
10 g Kamillenblüten *(Chamomilla recutita)*
10 g Mauerpfefferkraut *(Sedum acre)*

Zubereitung B

Hautdurchblutung

Kräutermischung für ein Bad:
30 g Fichtennadeln *(Pinus silvestris)*
30 g Zinnkraut *(Equisetum arvense)*
20 g Kamillenblüten *(Chamomilla recutita)*
20 g Rosmarinblätter *(Rosmarinus officinalis)*

Zubereitung: Eine Handvoll dieser Mischung mit 1/2 Liter kochendem Wasser übergießen, 20 Minuten ziehen lassen, absieben und die Flüssigkeit dem Badewasser zufügen.

Herzbeschwerden

▶ Zur Unterstützung ärztlicher Therapien

20 g Löwenschwanzkraut *(Leonurus cardiaca)*
20 g Weißdornblätter mit Blüten *(Crataegus oxyacantha)*
15 g Arnikablüten *(Arnica montana)*
15 g Königin der Nachtblüten *(Cactus grandiflorus)*
10 g Adonisröschenkraut *(Adonis vernalis)*
10 g Nelkenwurzwurzeln *(Geum urbanum)*
10 g Grüntee *(Camellia sinensis)*

Zubereitung B

Hexenschuß

▶ Plötzlich auftretender Schmerz in der Lendengegend

25 g Pfingstrosenwurzeln *(Paeonia officinalis)*
20 g Geißfuß, Baumtropfenkraut *(Aegopodium podagraria)*
20 g Hauhechelwurzeln *(Ononis spinosa)*
20 g Weidenrinde *(Salix alba)*
15 g Wiesengeißbart, Spierblumenblüten *(Filipendula ulmaria)*

Zubereitung C

Ischias

▶ Einseitiger Nervenschmerz, der vom Gesäß durch Oberschenkel und Wade bis zur Ferse ausstrahlen kann

25 g Giftsumachkraut *(Rhus toxicodendron)*
20 g Teufelskrallenwurzeln *(Harpagophytum procumbens)*
20 g Weidenrinde *(Salix alba)*
20 g Zinnkraut *(Equisetum arvense)*
15 g Birkenblätter *(Betula alba)*

Zubereitung C

Kopfschmerzen

20 g Weidenrinde *(Salix alba)*
15 g Baldrianwurzeln *(Valeriana officinalis)*
15 g Wiesengeißbart, Spierblumenblüten *(Filipendula ulmaria)*
10 g Bitterklee, Fieberkleeblätter *(Menyanthes trifoliata)*
10 g Kamillenblüten *(Chamomilla recutita)*
10 g Nelkenwurzwurzeln *(Geum urbanum)*
10 g Pfefferminzblätter *(Mentha piperita)*
10 g Schlüsselblumenwurzeln *(Primula veris)*

Zubereitung C

Krampfadern

▶ Erweiterung der Venen in den unteren Beinpartien

20 g Hamamelisblätter *(Hamamelis virginiana)*
15 g Kastanienblüten *(Aesculus hippocastanum)*
15 g Löwenzahnwurzeln *(Taraxcum officinale)*
15 g Schafgarbenkraut mit Blüten *(Achillea millefolium)*
15 g Steinklee, Honigkleekraut *(Melilotus officinalis)*
10 g Ginkgoblätter *(Gingko biloba)*
10 g Tigerkraut *(Centella asiatica)*

Zubereitung B

Krampfhusten/Keuchhusten

▶ Arzt konsultieren! – Starke, sich oft wiederholende Hustenanfälle, behindertes Einatmen mit „Keuchen", besonders nachts

20 g Khellafrüchte *(Ammi visnaga)*
20 g Pestwurz *(Petasites officinalis)*
15 g Efeublätter *(Hedera helix)*
15 g Sonnentaukraut *(Drosera rotundifolia)*
10 g Frauenhaarblätter *(Adiantum capillus veneris)*

10 g Sternanis *(Illicium verum)*
10 g Thymianblätter *(Thymus vulgaris)*

Zubereitung B

Kreislaufbeschwerden

► Schwindelgefühle, Ohrensausen, Herzklopfen

20 g Weißdornblätter mit Blüten *(Crataegus oxyacantha)*
15 g Bärlauchkraut *(Allium ursinum)*
15 g Erdrauchkraut *(Fumaria officinalis)*
10 g Arnikablüten *(Arnica montana)*
10 g Bohnenkraut *(Satureja hortensis)*
10 g Nelkenwurzwurzeln *(Geum urbanum)*
10 g Olivenblätter *(Olea europaea)*
10 g Taigawurzeln *(Eleutherococcus senticosus)*

Zubereitung B

Leberbeschwerden

► Anregend auf die Lebertätigkeit sowie auf den gesamten Stoffwechsel

15 g Bärlappkraut *(Lycopodium clavatum)*
15 g Bohnenkraut *(Satureja hortensis)*
15 g Leberblümchenkraut *(Hepatica triloba)*
15 g Mariendistelfrüchte *(Carduus marianus)*
10 g Enzianwurzeln *(Gentiana lutea)*
10 g Löwenzahnwurzeln *(Taraxacum officinale)*
10 g Schöllkraut *(Chelidonium majus)*
10 g Tausendgüldenkraut *(Erythraea centaurium)*

Zubereitung B

Gleiche Indikation, jedoch bei **Leberstau** dem Grundrezept beifügen:
10 g Artischockenblätter *(Cynara scolymus)*
10 g Johanniskraut *(Hypericum perforatum)*
10 g Labkraut *(Galium verum)*
10 g Wegwartekraut *(Cichorium intybus)*

Zubereitung B

Lungenbeschwerden

▶ Arzt konsultieren! – Verschleimung der Lunge, unterstützend bei Lungenentzündung

20 g Lungenkraut *(Pulmonaria officinalis)*
20 g Thymianblätter *(Thymus vulgaris)*
15 g Senegawurzeln *(Polygala senega)*
15 g Zinnkraut *(Equisetum arvense)*
10 g Bockshornkleesamen *(Trigonella foenum-graecum)*
10 g Eufeublätter *(Hedera helix)*
10 g Isländisch Moos *(Cetraria islandica)*

Zubereitung B

Magenbeschwerden/Appetitlosigkeit/Völlegefühl/Druck im Bauch

15 g Fenchelfrüchte *(Foeniculum vulgare)*
15 g Ingwerwurzeln *(Zingiber officinale)*
15 g Kalmuswurzeln *(Acorus calamus)*
15 g Zimtrinde *(Cinnamomum verum)*
10 g Angelikawurzeln *(Angelica archangelica)*
10 g Galgantwurzeln *(Alpinia officinarum)*
10 g Kamillenblüten *(Chamomilla recutita)*
10 g Tausendgüldenkraut *(Erythraea centaurium)*

Zubereitung C

Gleiche Indikation, jedoch bei **Magenschwäche** dem Grundrezept beifügen:

10 g Feldthymiankraut *(Thymus serpyllum)*
10 g Grüntee *(Camellia sinensis)*
10 g Kondurangorinde *(Condurango, Marsdenia condurango)*
10 g Orangenschale *(Citrus aurantium)*

Zubereitung C

Magenbeschwerden/Aufstoßen/Sodbrennen

► Zuviel Magensäure, Brennschmerz im Magen

20 g Leinsamen *(Linum usitatissimum)*
20 g Süßholz *(Glycyrrhiza glabra)*
20 g Zimtrinde *(Cinnamomum verum)*
15 g Pfefferminzblätter *(Mentha piperita)*
15 g Sanikelkraut *(Sanicula europaea)*
10 g Wermutkraut *(Artemisia absinthium)*

Zubereitung C

Magenbeschwerden/Blähungen

15 g Kamillenblüten *(Chamomilla recutita)*
15 g Kümmelfrüchte *(Carum carvi)*
10 g Baldrianwurzeln *(Valeriana officinalis)*
10 g Fieberklee, Bitterkleeblätter *(Menyanthes triftrifoliata)*
10 g Engelwurz *(Angelica arachangelica)*
10 g Fenchelfrüchte *(Foeniculum vulgare)*
10 g Kalmuswurzeln *(Acorus calamus)*
10 g Korianderfrüchte *(Coriandrum sativum)*
10 g Pfefferminzblätter *(Mentha piperita)*

Zubereitung C

Magen-Darm-Katarrh

▶ Brechdurchfall mit Bauchschmerzen, Mattigkeit, Appetitlosigkeit, oft leichtem Fieber

20 g Kamillenblüten *(Chamomilla recutita)*
20 g Schafgarbenkraut mit Blüten *(Achillea millefolium)*
15 g Angelikawurzeln *(Angelica archangelica)*
15 g Basilikumkraut *(Ocimum basilicum)*
10 g Enzianwurzeln *(Gentiana lutea)*
10 g Tormentillwurzeln *(Potentilla tormentilla)*
10 g Wermutkraut *(Artemisia absinthium)*

Zubereitung C

Magenschleimhautentzündung/Gastritis

▶ Chronisches Völlegefühl nach dem Essen, Aufstoßen, leichte Magen- und Kopfschmerzen

15 g Grüntee *(Camellia sinensis)*
15 g Sanikelkraut *(Sanicula europaea)*
10 g Fenchelfrüchte *(Foeniculum vulgare)*
10 g Kalmuswurzeln *(Acorus calamus)*
10 g Malvenblätter *(Malva silvestris)*
10 g Pfefferminzblätter *(Mentha piperita)*
10 g Storchenschnabelkraut *(Geranium robertianum)*
10 g Süßholz *(Glycyrrhiza glabra)*
10 g Wermutkraut *(Artemisia absinthium)*

Zubereitung C

Migräne

▶ Einseitiger Kopfschmerz, bohrender Schmerz begleitet von Unwohlsein, Müdigkeit und Appetitlosigkeit

20 g Weidenrinde *(Salix alba)*
15 g Passionsblumenkraut *(Passiflora incarnata)*

15 g Pestwurz *(Petasites officinalis)*
15 g Wiesengeißbart, Spierblumenblüten *(Filipendula ulmaria)*
15 g Ziestkraut *(Betonica officinalis)*
10 g Lavendelblüten *(Lavandula officinalis)*
10 g Schlüsselblumenwurzeln *(Primula veris)*

Zubereitung C

Milchbildung

► Zur Förderung der Milchbildung beim Stillen

30 g Fenchelfrüchte, zerstoßen *(Foeniculum vulgare)*
20 g Anis, zerstoßen *(Pimpinella anisum)*
20 g Kümmelfrüchte, zerstoßen *(Carum carvi)*
15 g Bockshornkleesamen, zerstoßen *(Trigonella foenum graecum)*
15 g Brennesselblätter *(Urtica dioica)*

Zubereitung B

Nachtschweiß

► Übermäßige Absonderung der Schweißdrüsen am ganzen Körper

30 g Grüntee *(Camellia sinensis)*
30 g Salbeiblätter *(Salvia officinalis)*
20 g Ysopkraut *(Hyssopus officinalis)*
20 g Zinnkraut *(Equisetum arvense)*

Zubereitung B

Nervosität/Nervenschwäche

► Überforderte Nerven, Angst, gereizte Stimmung, Neigung zu Depressionen

15 g Baldrianwurzeln *(Valeriana officinalis)*
15 g Johanniskraut *(Hypericum perforatum)*

15 g Lavendelblüten *(Lavandula officinalis)*
15 g Löwenschwanzkraut *(Leonurus cardiaca)*
10 g Goldmelissenblüten *(Monarda didyma)*
10 g Hopfen *(Humulus lupulus)*
10 g Kamillenblüten *(Chamomilla recutita)*
10 g Pestwurz *(Petasites officinalis)*

Zubereitung B

Nierenleiden

▶ Schmerz bei Druck auf die Nieren, trüber Urin, oft schmerzhaftes Urinieren

Grundrezept:
20 g Birkenblätter *(Betula alba)*
20 g Zinnkraut *(Equisetum arvense)*
15 g Goldrutenkraut *(Solidago virga aurea)*
15 g Indischer Nierentee *(Orthosiphon stamineus)*
10 g Bruchkraut *(Herniaria glabra)*
10 g Liebstöckelwurzeln *(Levisticum officinale)*
10 g Quecke, Schließgraswurzeln *(Agropyron repens)*

Gleiche Indikation, jedoch bei **Nierenentzündung mit Schmerzen** dem Grundrezept beifügen:
10 g Borretschkraut *(Borrago officinalis)*
10 g Maisgriffel *(Zea mays)*

Gleiche Indikation, jedoch bei **Nierenentzündung mit Krämpfen** dem Grundrezept beifügen:
10 g Khellafrüchte *(Ammi visnaga)*

Zubereitung B

Nierensteine/Nierengrieß

▶ Sammeln sich meist im Nierenbecken und verletzen oft die Innenwände der Nieren, Blut im Urin und starke Koliken als Folge

15 g Khellafrüchte *(Ammi visnaga)*
15 g Zinnkraut *(Equisetum arvense)*
10 g Bärentraubenblätter *(Arctostaphylos uva-ursi)*
10 g Bruchkraut *(Herniaria glabra)*
10 g Hauhechelwurzeln *(Ononis spinosa)*
10 g Krappwurzeln *(Rubia tinctorum)*
10 g Löwenzahnwurzeln *(Taraxacum officinalis)*
10 g Sägepalmenfrüchte *(Sabal serrulatum)*
10 g Sandkraut, Rotes *(Arenaria lappa)*

Zubereitung C

Nieren- und Blasenbeschwerden

▶ Geschwächte Nierentätigkeit mit Wasseransammlungen in den Geweben

20 g Petersilienfrüchte *(Petroselinum sativum)*
20 g Rosmarinblätter *(Rosmarinum officinalis)*
20 g Zinnkraut *(Equisetum arvense)*
10 g Attichwurzeln *(Sambucus ebulus)*
10 g Liebstöckelwurzeln *(Levisticum officinale)*
10 g Stiefmütterchenkraut *(Viola tricolor)*
10 g Wacholderbeeren *(Juniperus communis)*

Zubereitung C

Ödeme/Gewebswassersucht

▶ Schwellung von Gewebe, kann an verschiedenen Körperstellen vorkommen

20 g Grüntee *(Camellia sinensis)*
20 g Kastaniensamen *(Aesculus hippocastanum)*
20 g Petersilienfrüchte *(Petroselinum sativum)*
10 g Hauhechelwurzeln *(Ononis spinosa)*
10 g Holunderblüten *(Sambucus nigra)*

10 g Kümmelfrüchte *(Carum carvi)*
10 g Wacholderbeeren *(Juniperus communis)*

Zubereitung C

Prostatavergrößerung

▶ Wegen Vergrößerung der Vorsteherdrüse häufiger Harndrang mit geringer Entleerung

20 g Mönchspfefferfrüchte *(Agnus castus)*
20 g Weidenröschenkraut, Kleinblütiges *(Epilobium parviflorum)*
15 g Brennesselwurzeln *(Urtica dioica)*
15 g Goldrutenkraut *(Solidago virgaurea)*
10 g Maisgriffel *(Zea mays)*
10 g Sägepalmenfrüchte *(Sabal surrulata)*
10 g Waldrebenkraut *(Clematis recta)*

Zubereitung C

Rheuma/Muskelrheumatismus

▶ Heftig schmerzende Entzündungen von Muskeln und Weichteilen, eingeschränkte Bewegungsfähigkeit von Gelenken und ganzen Körperteilen

15 g Teufelskrallenwurzeln *(Harpagophytum procumbens)*
15 g Weidenrinde *(Salix alba)*
10 g Geißfuß, Baumtropfenkraut *(Aegopodium podagraria)*
10 g Brennesselblätter *(Urtica dioica)*
10 g Engelwurz *(Angelica archangelica)*
10 g Färberginsterkraut *(Genista tinctoria)*
10 g Löwenzahnwurzeln *(Taraxacum officinale)*
10 g Wiesengeißbart, Spierblumenblüten *(Filipendula ulmaria)*
10 g Wallwurz *(Symphytum officinale)*

Zubereitung C

Rheuma/Arthritis

Kräutermischung für ein Bad:

25 g Rosmarinblätter *(Rosmarinus officinalis)*
20 g Fichtennadeln *(Pinus silvestris)*
20 g Heublumen *(Flos graminis)*
20 g Wacholderbeeren *(Juniperus communis)*
15 g Arnikablüten *(Arnica montana)*

Zubereitung: 2 Handvoll der Mischung mit 1 Liter kochendem Wasser übergießen, 10 Minuten ziehen lassen, absieben und die Flüssigkeit dem Badewasser zufügen.

Schlaflosigkeit

▶ Nervöse Spannungszustände infolge geistiger und körperlicher Überanstrengung, Angst, Kummer und Sorgen

15 g Melissenblätter *(Melissa officinalis)*
15 g Passionsblumenkraut *(Passiflora incarnata)*
15 g Orangenblüten *(Citrus aurantium)*
10 g Baldrianwurzeln *(Valeriana officinalis)*
10 g Johanniskraut *(Hypericum perforatum)*
10 g Pfefferminzblätter *(Mentha piperita)*
10 g Schlüsselblumenblüten *(Primula veris)*
10 g Waldmeisterkraut *(Galium odoratum)*
5 g Goldmelissenblüten *(Monarda didyma)*

Zubereitung A

Schnupfen/Stirn- und Kieferhöhlenkatarrh

▶ Schwellung und Entzündung der Nasenschleimhaut, Entzündung der Nebenhöhlen

20 g Eukalyptusblätter *(Eucalyptus globulus)*
20 g Thymianblätter *(Thymus vulgaris)*
15 g Eibischwurzeln *(Althaea officinalis)*
15 g Katzengamanderkraut *(Teucrium marum)*

10 g Sanikelkraut *(Sanicula europaea)*
10 g Schlüsselblumenwurzeln *(Primula veris)*
10 g Süßholz *(Glycyrrhiza glabra)*

Zubereitung C

Übergewicht

20 g Petersilienfrüchte *(Petroselinum sativum)*
15 g Carrageen *(Carrageen)*
15 g Faulbaumrinde *(Frangula alnus)*
10 g Blasentang *(Fucus vesiculosus)*
10 g Löwenzahnwurzeln *(Taraxacum officinale)*
10 g Pfefferminzblätter *(Mentha piperita)*
10 g Sennablätter *(Cassia angustifolia)*
10 g Süßholz *(Clycyrrhiza glabra)*

Zubereitung C

Verstopfung/Verdauungsschwäche/Darmträgheit

15 g Bärlappkraut *(Lycopodium clavatum)*
15 g Faulbaumrinde *(Frangula alnus)*
15 g Leinsamen *(Linum usitatissimum)*
15 g Rhabarberwurzeln *(Rheum officinale)*
10 g Erdrauchkraut *(Fumaria officinalis)*
10 g Flohsamen *(Plantago psyllium)*
10 g Pfefferminzblätter *(Mentha piperita)*
10 g Sennablätter *(Cassia angustifolia)*

Zubereitung C

Wassersucht

▶ Flüssigkeitsansammlungen in Körperteilen

20 g Spargelwurzeln *(Asparagus officinalis)*
15 g Birkenblätter *(Betula alba)*

15 g Wacholderbeeren *(Juniperus communis)*
10 g Ackergauchheilkraut *(Anagallis arvensis)*
10 g Attichwurzeln *(Sambucus ebulus)*
10 g Hauhechelwurzeln *(Ononis spinosa)*
10 g Petersilienfrüchte *(Petroselinum sativum)*
10 g Rosmarinblätter *(Rosmarinus officinalis)*

Zubereitung B

Zahnfleischentzündung

Kräutermischung für eine Mundspülung:
30 g Salbeiblätter *(Salvia officinalis)*
30 g Tormentillwurzeln *(Potentilla tormentilla)*
15 g Arnikablüten *(Arnica montana)*
15 g Malvenblätter *(Malva silvestris)*
10 g Kamillenblüten *(Chamomilla recutita)*

Zubereitung: 1 Eßlöffel mit 1 Tasse kochendem Wasser übergießen, 15 Minuten ziehen lassen, absieben. Mehrmals täglich lauwarm den Mund gründlich spülen.

Zuckerkrankheit/Diabetes

▶ Zur Unterstützung ärztlicher Therapien

15 g Bohnenschale *(Phaseolus vulgaris)*
15 g Geißrautenkraut *(Galega officinalis)*
10 g Brennesselblätter *(Urtica dioica)*
10 g Brombeerblätter *(Rubus fruticosus)*
10 g Erdrauchkraut *(Fumaria officinalis)*
10 g Heidelbeerblätter *(Myrtillus vaccinium)*
10 g Kalmuswurzeln *(Acorus calamus)*
10 g Klettenwurzeln *(Arctium lappa)*
10 g Maulbeerblätter *(Morus nigra)*

Zubereitung C

24 wichtige „einheimische“ Heilpflanzen

Mit folgenden Überlegungen haben wir die 24 Heilpflanzen ausgewählt:

- Mit diesen 24 Teedrogen können Sie sich eine sinnvolle „Kräuterapotheke“ anlegen.
- Die gewählten Teedrogen finden Sie in manchen unserer Rezepte.
- Die Kenntnisse, nach dem Studium dieses Buches, ermöglichen das Mischen von Medizinal- oder Genußtees aus diesen Drogen.
- Die meisten der 24 Heilpflanzen eignen sich entweder für Ihren Kräutergarten oder sind in der Natur auffindbar.
- Diese Teedrogen decken einen umfassenden großen Indikations-Bedarf ab und bieten darum einen idealen Einstieg in die wunderbare Welt der Heilkräfte der Natur.

Das Wort „einheimisch“ bedeutet, daß es sich nicht immer um wildwachsende, mitteleuropäische Pflanzen handelt, jedoch um solche, die sich in unseren Gärten oder in unserem Klima wohlfühlen.

Birke/Hängebirke

Botanischer Name:	*Betula pendula*
Teedroge:	Birkenblätter *(Folium betulae)*
Hauptwirkstoffe:	Saponine, Gerbstoffe
Eigenschaften:	harntreibend, entschlackend, antiseptisch
Innerlich:	als Entschlackungskur, bei Gicht, Rheuma, Infektionen der Harnwege, unreiner Haut, Ekzemen
Äußerlich:	zu Waschungen bei unreiner Haut, Kopfhaut und Akne

Betula pendula

Brennessel, Große und Kleine

Urtica dioica

Botanischer Name:	*Urtica dioica* *Urtica urens*
Volkstümlicher Name:	Nessel
Teedroge:	Brennesselblätter *(Folium urticae)* Brennesselwurzel *(Radix urticae)*
Hauptwirkstoffe:	Kieselsäure, Spurenelemente
Eigenschaften:	harntreibend, blutbildend, schwach blutzuckersenkend, gewebestärkend und stärkend wirkend auf männliche Unterleibsorgane
Innerlich:	die Blätter als Teekur gegen Blutarmut (auch während der Schwangerschaft), Entschlackungskur, bei Rheuma, Nesselfieber, speziellen Allergien, Wasserstauungen, zur Kieselsäuretherapie, die Wurzel (als Tee oder Extrakt) vorbeugend gegen und heilungsfördernd bei Prostataleiden
Wildgemüse:	junge Blätter als Salatzusatz, ältere Blätter als Wildgemüse, z. B. zu Spinat

Brombeere

Rubus fruticosus

Botanischer Name:	*Rubus fruticosus*
Volkstümlicher Name:	Kratzbeere
Teedroge:	Brombeerblätter *(Folium Rubi fruticosi)*
Hauptwirkstoffe:	Gerbstoffe, Flavonoide
Eigenschaften:	leicht stopfend, entzündungshemmend
Innerlich:	zu Genußtees, als Schwarztee-Ersatz, gegen Darmkatarrh
Äußerlich:	als Gurgelmittel gegen Entzündungen der Mund- und Rachenschleimhäute

Fenchel

Foeniculum vulgare

Botanischer Name:	*Foeniculum vulgare*
Teedroge:	Fenchelfrüchte *(Fructus foeniculi)*
Hauptwirkstoffe:	ätherische Öle
Eigenschaften:	blähungswidrig, krampflösend, auswurffördernd, verdauungsfördernd, harntreibend, milchbildend
Innerlich:	gegen Bronchialhusten, Asthma, Blähungen, Verdauungsstörungen speziell bei Kindern und Säuglingen, für Milchbildungstees
Äußerlich:	als Kompressen gegen Entzündung der Augenbindehaut
Wildgemüse:	junge Blätter als Zusatz zu Wildgemüsen

Goldrute, Echte

Solidago virgaurea

Botanischer Name:	*Solidago virgaurea*
Volkstümliche Namen:	Heidnisch Wundkraut, St. Petersstabkraut, Gemeine Goldrute
Teedroge:	Goldrutenkraut, das blühende Kraut *(Herba solidaginis)*
Hauptwirkstoffe:	Gerbstoffe, ätherische Öle, Saponine
Eigenschaften:	harntreibend, nierenstärkend, entzündungshemmend, wundheilend
Innerlich:	gegen Nieren- und Blasenentzündungen, Gicht, zum Ausheilen von Nierenbeckenentzündung
Äußerlich:	bei schlecht heilenden Wunden

Holunder, Schwarzer

Sambucus nigra

Botanischer Name: *Sambucus nigra*

Volkstümliche Namen: Elder, Holder, Schwarzholder, Schwitztee, „Flieder", Holler

Teedroge: Holunderblüten *(Flos sambuci nigri)*
Holunderbeeren, Holunderfrüchte *(Fructus sambuci nigri)*

Hauptwirkstoffe: Blüten: ätherische Öle, Schleimstoffe, Glykoside
Früchte: Zuckerverbindungen, Vitamine A und C, organische Säuren, Spurenelemente

Eigenschaften: Blüten: fiebersenkend, schweißtreibend, harntreibend
Früchte: als Vitaminspender, gegen Blutarmut

Innerlich: Blüten: gegen Erkältungskrankheiten, Grippe, Rheuma
Früchte (nur gekocht oder getrocknet – roh wirken die Früchte magenaggressiv): gegen Blutarmut

Wildfrüchte: die Beeren für Saft (gekocht), Marmeladen etc.

Johanniskraut, Echtes

Hypericum perforatum

Botanischer Name: *Hypericum perforatum*

Volkstümliche Namen: Hartheu, Hexenkraut, Blutkraut, Wundkraut, Konradskraut

Teedroge: Johanniskraut, das blühende Kraut *(Herba hyperici);*
als gleichwertige Droge wird auch das Bergjohanniskraut *(Hypericum montanum)* verwendet

Hauptwirkstoffe: Gerbstoffe, Hypericin, Flavonglykoside

Eigenschaften: antidepressiv, nervenberuhigend, nervenstärkend, entzündungshemmend, wundheilend

Innerlich:	gegen Depressionen und Spannungszustände, nervöse Magen- und Darmbeschwerden, Periodestörungen
Äußerlich:	hauptsächlich als Johannisöl (aus frischem Johanniskraut, in Olivenöl eingelegt) bei schlecht heilenden Wunden und Narben, leichten Verbrennungen und Sonnenbrand
Wichtig:	Das Johanniskraut enthält eine lichtsensibilisierende Substanz, darum darf das Johannisöl nicht als Sonnenschutzöl, sondern nur als „heilendes" Öl gegen leichten Sonnenbrand verwendet werden.

Kamille, Echte

Botanischer Name:	*Chamomilla recutita*
Volkstümliche Namen:	Garmille, deutsche Kamille, Gemeine Kamille, Feldkamille
Teedroge:	die Blüten *(Flos matricariae)*
Hauptwirkstoffe:	ätherische Öle, Flavonglykoside, Bitterstoffe
Eigenschaften:	entzündungshemmend, antibakteriell, blähungswidrig, krampflösend, desinfizierend, wundheilend
Innerlich:	gegen Magen- und Darmbeschwerden wie Blähungen, Krämpfe, Entzündungen und Brechreiz, gegen Menstruationsbeschwerden
Äußerlich:	gegen Hautausschläge, bei Wunden, Hämorrhoiden, Entzündungen von Mund- und Rachenhöhle und Augen

Chamomilla recutita

Wichtig:	Ein schwach dosierter Kamillentee (2-3 Blütenköpfchen pro Tasse) wirkt innerlich heilungsfördernd – ein zu stark dosierter Kamillentee wirkt brechreizerregend!

Kümmel, Echter

Carum carvi

Botanischer Name: *Carum carvi*

Volkstümliche Namen: Feldkümmel, Wiesenkümmel

Teedroge: die Frucht *(Fructus carvi)*

Hauptwirkstoffe: ätherische Öle, Gerbstoffe

Eigenschaften: blähungswidrig, krampflösend, verdauungsfördernd, milchbildend

Innerlich: gegen Magen-Darm-Beschwerden, Blähungen, Magenkrämpfe, für Milchbildungstees, als Gewürz speziell zu Käse und schwer verdaulichen Speisen (immer zerstoßen verwenden!)

Lavendel

Lavandula officinalis

Botanischer Name: *Lavandula officinalis*

Volkstümliche Namen: Speik, Narde

Teedroge: Lavendelblüten *(Flos lavandulae)*

Hauptwirkstoffe: ätherische Öle, Gerbstoffe, Saponin

Eigenschaften: beruhigend, krampflösend, blähungswidrig, gallenflußfördernd

Innerlich: als Teekur bei Schlaflosigkeit, Schwindel, Kopfschmerzen, zur Anregung der Gallensekretion

Äußerlich: als Badezusatz mit entspannender und beruhigender Wirkung, zur Reinigung der Haut bei Hautunreinheiten und Akne, als Lavendelsäcklein als Mottenmittel im Wäscheschrank

Linde/Sommer-/Winter-

Botanischer Name:	*Tilia platyphyllos* *Tilia cordata*
Teedroge:	Lindenblüten *(Flos tiliae)*
Hauptpwirkstoffe:	Glykoside, ätherische Öle, Schleim
Eigenschaften:	schweißtreibend, harntreibend, krampflösend, entzündungswidrig
Innerlich:	heiß getrunken bei Infektions- und Erkältungskrankheiten, bei Grippe, als durststillender Erfrischungstee
Äußerlich:	Mundspülungen bei Entzündung der Schleimhäute, als Badezusatz bei rheumatischen Beschwerden

Tilia platyphyllos

Löwenzahn

Botanischer Name:	*Taraxacum officinale*
Volkstümliche Namen:	Pfaffenröhrlein, Pusteblume, Kuhblume, Kettenblume, Butterblume
Teedroge:	Löwenzahnwurzeln *(Radix taraxaci)* Löwenzahnkraut *(Herba taraxaci)* Löwenzahnblüten *(Flos taraxaci)*
Hauptwirkstoffe:	Bitterstoffe, Gerbstoffe
Eigenschaften:	magenstärkend, gallenflußfördernd, verdauungsfördernd, stoffwechselanregend
Innerlich:	bei Leber- und Gallenbeschwerden, Gelbsucht, Magen- und Darmstörungen
Äußerlich:	der Milchsaft der Stengel zum Bepinseln von Warzen
Wildgemüse:	die jungen Blätter als Frühlingssalat, die Blütenknospen werden wie Kapern in Öl eingelegt

Taraxacum officinale

Malve (Käslikraut/Käsepappel)

Malva sylvestris

Botanischer Name: *Malva sylvestris*
Malva neglecta

Volkstümliche Namen: Feldmalve, Roßpappel, St. Johannispappel

Teedroge: das Blatt *(Folia malvae)* und die Blüten *(Flos malvae)* werden oft zusammen gebraucht *(Herba malvae)*

Hauptwirkstoffe: Gerbstoffe, Schleimstoffe, Malvin

Eigenschaften: entzündungshemmend, leicht abführend, reizmildernd

Innerlich: gegen Magen-Darm-Katarrh, Katarrh der oberen Luftwege

Äußerlich: als Gurgelmittel gegen Entzündungen von Mund und Rachen, als Kompressen oder Badzusatz bei Geschwüren, Ekzemen, Furunkeln

Melisse

Melissa officinalis

Botanischer Name: *Melissa officinalis*

Volkstümliche Namen: Zitronenmelisse, Zitronenkraut, Frauenwohl

Teedroge: Melisseblätter *(Folium melissae)*

Hauptwirkstoffe: ätherische Öle, Gerbstoffe, Bitterstoffe

Eigenschaften: beruhigend, krampflösend, magenstärkend, aromatisch

Innerlich: bei Nervosität, Schlafstörungen, Kopfschmerzen, krampfartigen Schmerzen im Magen-Darm-Trakt, bei Blähungen

Äußerlich: Kompressen zur Förderung der Narbenbildung

Wildgemüse: frische Blätter als aromatischer Zusatz für Essig und Öle

Pfefferminze

Botanischer Name: *Mentha piperita*

Volkstümliche Namen: Edelminze, Englische Minze

Teedroge: Pfefferminzblätter *(Folium menthae pip.)*

Hauptwirkstoffe: ätherische Öle, Menthol, Gerbstoffe

Eigenschaften: blähungswidrig, krampflösend, verdauungsfördernd, gallenflußfördernd, erfrischend

Innerlich: bei Leber- und Gallenbeschwerden, mangelnder Gallensekretion, krampfartigen Magenstörungen, Blähungen, Aufstoßen

Mentha piperita

Äußerlich: Mundspülungen und als Gurgelmittel bei schlechtem Atem, zum Inhalieren bei Schnupfen und Stirnhöhlenkatarrh, als Badezusatz bei juckenden Ekzemen

Ringelblume

Botanischer Name: *Calendula officinalis*

Volkstümliche Namen: Ringelrose, Butterblume, Gilgenkraut

Teedroge: Ringelblumenblüten *(Flos calendulae)*

Hauptwirkstoffe: ätherische Öle, Harze, Schleim

Eigenschaften: entzündungshemmend, wundheilend, gallenflußfördernd, durchblutungsfördernd

Innerlich: anregend auf Lebertätigkeit, bei Verdauungsstörungen, Gallenbeschwerden, als Blutreinigungsmittel

Calendula officinalis

Äußerlich: Kompressen bei Prellungen, geröteter und entzündeter Haut, Ringelblumensalbe als Hautpflegemittel für Arme und Beine

Wildgemüse: Blüten zum Garnieren von Fisch- und Reisgerichten

Salvia officinalis

Salbei

Botanischer Name: *Salvia officinalis*

Volkstümliche Namen: Gartensalbei, Kreuzsalbei, Müsliblatt

Teedroge: Salbeiblätter *(Folium salviae)*

Hauptwirkstoffe: ätherische Öle, Gerbstoffe, Bitterstoffe

Eigenschaften: entzündungshemmend, schweißhemmend, antiseptisch, desinfizierend, milchsekretionshemmend

Innerlich: bei Nachtschweiß, Verdauungsstörungen, Magen- und Darmbeschwerden, zum Abstillen

Äußerlich: für Mundspülungen und als Gurgelmittel bei Entzündungen der Mund- und Rachenschleimhäute

Wildgemüse: Würzmittel für pikante Speisen

Equisetum arvense

Schachtelhalm/Zinnkraut

Botanischer Name: *Equisetum arvense*

Volkstümliche Namen: Katzenschwanz, Scheuerkraut

Teedroge: Zinnkraut *(Herba equiseti)*

Hauptwirkstoffe: Kieselsäure, Mineralsalze, Saponine

Eigenschaften: harntreibend, entzündungshemmend, wundheilend, mineralstoffreich

Innerlich: festigt das Bindegewebe (bei Lungenleiden), bei Nieren- und Blasenbeschwerden, Gicht, Wassersucht

Äußerlich:	für Waschungen, Kompressen oder Bäder bei Hämorrhoiden, bei Nasenbluten, Krampfadern, Ekzemen, Geschwüren; mit den Stengeln wurde früher das Zinn gereinigt
Hinweis:	Der Sumpfschachtelhalm ist leicht giftig und sollte nicht verwendet werden!

Schafgarbe

Botanischer Name:	*Achillea millefolium*
Volkstümliche Namen:	Feldgarbe, Schafrippe, Garbenkraut, Tausendblättchen
Teedroge:	Schafgarbenblüten *(Flos millefolii)* Schafgarbenkraut mit Blüten *(Herba c. Flos millefolii)*
Hauptwirkstoffe:	ätherische Öle, Bitterstoffe, Gerbstoffe
Eigenschaften:	verdauungs-, stoffwechsel- und appetitanregend, entzündungswidrig, krampflösend, antiseptisch
Innerlich:	bei Magen-Darm-Katarrh, Blähungen, Verdauungsstörungen, Appetitlosigkeit, Unterleibsbeschwerden
Äußerlich:	Bäder bei Wunden und Entzündungen, warme Wickel gegen Unterleibskrämpfe
Wildgemüse:	junge Blätter zu Frühlingssalat

Achillea millefolium

Spierblume

Filipendula ulmaria

Botanischer Name: *Filipendula ulmaria*

Volkstümliche Namen: Wiesengeißbart, Mädesüß, Rüsterstaude, Wiesenkönigin, Spierstaude, wilder Flieder

Teedroge: Spierblumenblüten *(Flos spiraeae ulmariae)*

Hauptwirkstoffe: Phenolglykosid, Salicylsäurementhylester, Salicylaldehyd

Eigenschaften: fiebersenkend, schweißtreibend, harntreibend

Innerlich: bei Erkältungskrankheiten (Katarrh, Grippe), bei Gicht, Muskelrheumatismus, Wassersucht

Äußerlich: Packungen und Bäder bei geschwollenen Gliedmaßen und Rheuma

Tausendgüldenkraut

Erythraea centaurium

Botanischer Name: *Erythraea centaurium*

Volkstümliche Namen: Fieberkraut, Magenkraut

Teedroge: Tausendgüldenkraut *(Herba centauri)*

Hauptwirkstoffe: Bitterstoffe, Nicotinsäureverbindungen, ätherische Öle

Eigenschaften: magenstärkend, appetitanregend, verdauungsfördernd, tonisierend

Innerlich: bei Appetitlosigkeit, Verdauungsstörungen, Leber- und-Gallen-Beschwerden, Magenschwäche, allgemeiner Müdigkeit

Äußerlich: Umschläge bei Wunden

Thymian, Wilder/Feldthymian

Thymus serpyllum

Botanischer Name:	*Thymus serpyllum*
Volkstümliche Namen:	Quendel, kleiner Kostets
Teedroge:	Feldthymiankraut *(Herba serpylli)*
Hauptwirkstoffe:	ätherische Öle, Bitterstoffe, Gerbstoffe
Eigenschaften:	verdauungsfördernd, hustenlindernd, krampflösend, antiseptisch, aromatisch
Innerlich:	bei Verdauungsbeschwerden, Blähungen, als Hustenmittel, bei Erkrankungen der Atemwege
Äußerlich:	Mundspülungen und Gurgeln zum Reinigen der Mundhöhle
Wildgemüse:	als Gewürz

Wacholder

Juniperus communis

Botanischer Name:	*Juniperus communis*
Volkstümliche Namen:	Reckolder, Kranewitt
Teedroge:	Walcholderbeeren *(Pseudofructus juniperi)*
Hauptwirkstoffe:	ätherische Öle, Harze, organische Säuren
Eigenschaften:	stark harntreibend, verdauungsfördernd, antiseptisch, aromatisch
Innerlich:	bei Wassersucht, Rheumatismus, Arthritis, Gicht
Äußerlich:	Badezusatz bei Rheuma, Neuralgien, Gicht und Erkältungen
Wildgemüse:	als Gewürz für Pasteten, Sauerkraut, Wildgerichte

Hinweis:	Wacholderpräparate dürfen von Personen mit Nierenleiden nicht eingenommen werden, da sie zu stark reizen.

Weißdorn, Eingriffliger/Zweigriffliger

Botanischer Name:	*Crataegus monogyna* *Crataegus oxyacantha*
Volkstümliche Namen:	Hagedorn, Mehlbeere, Zaunbeere
Teedroge:	Weißdornblätter mit Blüten *(Folium c. Flos crataegi)* Weißdornfrüchte *(Fructus crataegi)*
Hauptwirkstoffe:	organische Säuren, Sponine, ätherische Öle
Eigenschaften:	herzstärkend, blutdruckregulierend, gefäßerweiternd
Innerlich:	bei Kreislaufschwäche, Herzklopfen, Arteriosklerose, beruhigende Wirkung bei Bluthochdruck, stärkend und regulierend wirkend auf Herztätigkeit
Wildgemüse:	für Marmeladen

Crataegus oxyacantha

Stichwortverzeichnis